文义明 阎颖然/著

销售一定要懂的心理学

金牌销售必知的100个心理营销策略

中国经济出版社
CHINA ECONOMIC PUBLISHING HOUSE
北 京

图书在版编目（CIP）数据

销售一定要懂的心理学：金牌销售必知的100个心理营销策略/文义明著
北京：中国经济出版社，2011.1（2020.3重印）
ISBN 978－7－5136－0431－4

Ⅰ.①销…　Ⅱ.①文…　Ⅲ.①销售—商业心理学—通俗读物　Ⅳ.①F713.55－49

中国版本图书馆CIP数据核字（2010）第240885号

责任编辑　李煜萍
责任审读　霍宏涛
责任印制　马小宾
封面设计　任燕飞

出版发行　中国经济出版社
印 刷 者　北京富泰印刷有限责任公司
经 销 者　各地新华书店
开　　本　710mm×1000mm　1/16
印　　张　15
字　　数　200千字
版　　次　2011年1月第1版
印　　次　2020年3月第18次
书　　号　ISBN 978－7－5136－0431－4/F·8680
定　　价　32.00元

中国经济出版社　**网址** www.economyph.com　**社址** 北京市西城区百万庄北街3号　**邮编** 100037
本版图书如存在印装质量问题，请与本社发行中心联系调换（联系电话：010－68319116）

前　言

每个销售员都想取得非凡的业绩，在商场上获得成功，相信正在阅读本书的你也不例外。那么你是否想过这样的问题：为什么有人会比自己的业绩高出十倍，收入比自己多出百倍、千倍？难道真的是他们比自己聪明十倍、幸运百倍吗？答案是否定的。销售是一项与人打交道的事业，所以，销售员的聪明、运气并不是决定销售成败的最重要因素。只有充分了解客户、读懂客户的心理，掌握与客户相处的艺术才能在销售中立于不败之地。

虽然人是这个世界上最复杂的生物，人的心理更是变化无常，但是，只要销售员在销售的过程中善于观察、总结，客户的心理还是有一定的规律可循的。比如，客户对销售员会有抵触心理，对产品的质量会有怀疑心理，对价格都有嫌贵的心理，在成交时又难免犹豫……同时，客户都希望得到销售员的重视与尊重，都希望自己能受到最好的服务等等。

然而，在实际的销售过程中，一些销售员不懂得客户的这些心理，他们只是一味拼命地预约客户，见到客户就迫不及待地介绍产品、报价，恨不得马上成交。可是无论销售员怎样讨好客户，即使跑折了腿、磨破了嘴，客户就是不买账。因此很多销售员抱怨客户不近人情、抱怨销售难做，整日带着消极情绪去见客户，这样就更难以产生好的业绩。如此恶性循环造成的后果就是很多销售员当了销售战场上的逃兵，这也是销售行业人员流动性大的原因。

其实，这些逃兵们失败的原因就在于，他们只知道苦干、蛮干，见客户时甚至流露出咄咄逼人的强迫情绪，客户不被他们给吓跑才怪呢。所以，要想成为销售战场上的常胜将军，销售员就必须掌握一定的销售心理学，灵活运用一些销售的技巧和方法，学会站在客户的角度考虑问题，这样客户才能不请自来，销售员才能取得良好的业绩。

为什么我们要如此强调销售心理学对销售员的重要性呢？这是因为：

销售的过程就是让客户对我们的产品、我们的公司及销售员本人产生一个从拒绝到接受、从排斥到认同的心理变化的过程。要想让客户发生这个心理变化，就需要销售员在和客户进行心理博弈的过程中，猜透客户的心思、赢得客户的信任、抓住客户的软肋、引导客户跟着自己的思路走，总之就是要在这场心理暗战中占上风，用“心”来取得订单。

本书以心理学知识作为理论基础，引用了许多经过科学检验的心理实验，汇集了大量相关的销售实战案例，提炼出了在销售中卓有成效的100个心理策略。这些心理策略环环相扣，直击销售全流程中客户的各种心理。

如果你能够将本书中所介绍的100个心理营销策略灵活地运用到销售实践中，那么你就能轻松地了解客户的所思所想，从而洞察客户的心理需求、抓住客户的心理弱点、突破客户的心理防线、解除客户的心理包袱、赢得客户的心理认同，进入一个“知己知彼，百战百胜”的销售境界。最终改善你的人际关系，使你的销售业绩提高十倍、百倍，让你在不经意间升级为销售高手。

目 录
CONTENTS

第一章 "上帝"的心思你要猜
——销售就是一场心理暗战

对于销售员来说,客户就是上帝,然而老谋深算的上帝怎么会轻易地接受我们的推销呢? 可以说,自从有销售以来,销售员就一直在和客户进行着艰难的较量。那么我们如何才能在这场较量中占上风呢? 孙子兵法中说:攻城为下,攻心为上。所以,销售员要认清这场较量的实质是心理暗战,要时刻从客户的立场出发考虑问题,猜透上帝的心思,从而在销售这场心理暗战中取得非凡的战果。

第二章 做销售,就要懂点心理"显规则"
——你不可不知的心理学定律

在做销售时,销售员常常猜不透客户的心思,所以不知道该怎么回应客户，结果屡战屡败。于是，销售员便开始害怕客户的拒绝，不敢再去拜访客户，没有拜访率，业绩可想而知。其实，这是由于我们没有掌握做销售必备的一些心理"显规则"的缘故。所以，本章专门为销售员介绍一些心理学定律，为大家了解客户的心理、调整自己的心态提供一些参考。

第三章　卖货其实就是卖"心"
——购买之前，客户需要一千个消费的理由

同一种产品或服务有成百上千家提供者，为什么客户偏偏要购买我们的产品呢？在我们要把产品销售给客户之前，必须给他一个消费理由。那么这个理由是什么呢？是产品的质量好、服务到位吗？在同类产品或服务的竞争者中不乏比我们质量更上乘、服务更周到的。是我们的价格低吗？如果我们想打价格战，其他竞争者也可奉陪到底。其实，真正吸引客户的不仅仅是质量和价格，更重要的是我们在销售过程中的某一点打动了客户的心，只有打动客户的心，客户才会对我们忠实，所以卖货其实就是卖"心"。

第四章 抓住“上帝”那根“软肋”
——从客户的心理弱点中寻找销售突破口

上帝即使无所不能,也有打瞌睡的时候;再难缠的客户,也有其心理弱点。这个弱点,对客户而言,就好比他身上的软肋,是其防守的薄弱处;但对销售者而言,却成了进攻的突破口。只有先认清各种类型客户的心理弱点,然后才能“对症下药”,最后一举取得销售的成功。

第五章 卖“信任”胜过卖产品
——冲破客户设置的“防火墙”

客户在面对销售员的推销时,总是本能地怀有一种拒斥心理。为了防止销售员的推销可能给自己造成的高风险,客户便在自己和销售员中间设置了一道厚厚的“防火墙”,使销售员无法接近客户。那么,作为销售员应该如何打破这道“心理防火墙”,让客户主动安装我们提供的那些“非病毒的有益程序”呢？最关键的一点就是我们要获得客户的信任，一旦客户在心里对我们产生了信任感，那么他们就会产生了解产品的兴趣，当他们发现产品确实有益无害的话，就会毫不犹豫地同意我们的“安装条款”。所以，卖“信任”胜过卖产品。

第六章 引导客户说“是”
——营造认同感，俘获“上帝”心

在销售中，最难的事情莫过于获得客户的认同了，只要客户能够认同我们及我们所销售的产品，那么交易也就完成一大半了。所以，销售员在销售中应该善于运用一定的技巧方法来营造客户的认同感。本章就着重为读者介绍了一些卓有成效的方法，如心理暗示、特定问题的提问、利益引导法等，来帮助销售员俘获“上帝”心。

第七章　客户可以说“不”
——在拒绝的信号中挖掘商机

销售是一项要不断面对拒绝的事业，但是客户的拒绝并不代表我们的销售就走到了终点，就没有了成功的希望。其实，客户在对我们说“不”时所用的理由大多是敷衍我们的表面理由。一般销售员业绩不佳，多半是由于惧怕客户的拒绝，被他们的假理由唬住，不善于从客户的拒绝中分析原因、积极应对。所以，优秀的销售员应该做到，从客户拒绝的信号中挖掘出真正妨碍成交的问题，并提出解决方案，满足客户的需求，从而挽回败局。

第八章　报价巧才能卖得好
——用“心”游走于价格与价值之间

在销售谈判中，销售员希望自己的产品能够卖上一个好价钱，客户也希望自己能够买到便宜货，于是一场价格大战不可避免地开始了。销售员要想在这场价格战中取胜，就必须掌握谈价格的艺术，其中最关键的一点就是要懂得客户在谈价时的心理，这样才能找到应对的策略，从而轻松地游走于价格与价值之间，让客户高高兴兴地签单。

第九章　心理博弈的最高境界是“双赢”而不是“零和”
——谈判是场“心”与“心”的较量

在与客户的面对面谈判中,其实占主导地位的是双方心与心的较量。在这场较量中,双方都想占优势,销售员除了要掌握一些制胜的技巧法宝外,还要认识到一点,即心理博弈的最高境界是“双赢”而不是“零和”。其实我们和客户的利益是密切相关的,如果客户因购买了我们的产品而发生损失,那么我们的利益和信誉也会跟着受损。所以要想我们的销售事业蒸蒸日上,就必须与客户互惠互利。

第十章 达不成交易，一切都是空谈
——“踢好”决定成交前的临门一脚

在足球比赛中，是以足球进门为胜利的标准；在销售中，是以客户买单为交易成功的标准。同运动员传球、带球都只是为了射球入门一样，销售人员所有的努力也都只是为签单这一刻所做的铺垫。所以，销售人员以业绩论英雄、定成败，达不成交易，一切都是空谈。销售员一定要踢好决定成交前的临门一脚，不要在最关键的时刻功亏一篑。

第十一章 签单只是销售的开始
——在售后服务中提高客户满意度

乔·吉拉德有一句名言：“我相信推销活动真正的开始是在成交之后。”要想成为销售冠军，就不能做“一锤子买卖”，签单并不意味着销售的结束，而是新一轮销售的开始。销售员只有在成交之后继续关心顾客，为客户做好售后服务，才能既赢得老顾客，又能吸引新顾客，使生意越做越大，客户越来越多。

第一章

『上帝』的心思你要猜——销售就是一场心理暗战

对于销售员来说，客户就是上帝，然而老谋深算的上帝怎么会轻易地接受我们的推销呢？可以说，自从有销售以来，销售员就一直在和客户进行着艰难的较量。那么我们如何才能在这场较量中占上风呢？孙子兵法中说：攻城为下，攻心为上。所以，销售员要认清这场较量的实质是心理暗战，要时刻从客户的立场出发考虑问题，猜透上帝的心思，从而在销售这场心理暗战中取得非凡的战果。

要想钓到鱼，就必须要像鱼那样思考

河岸边，一对父子在钓鱼。父亲很快就钓到了好多又大又肥的鱼，但是过了很长时间儿子还没有取得战果。于是儿子问父亲：“爸爸，你给鱼儿们吃什么了，为什么它们那么喜欢你?”“我给它们吃蚯蚓做的鱼饵啊”，父亲回答道，“鱼最喜欢吃蚯蚓了，所以很快就能上钩。”儿子又问：“那么鱼不喜欢吃巧克力吗？我给他们送去一大块儿巧克力呢！”父亲笑着答道：“巧克力是你喜欢吃的，而不是鱼喜欢吃的呀，难怪你钓不到鱼，原来是用错了鱼饵。”

鱼只有看到自己想吃的饵料才会上钩，所以钓鱼时应该在饵料上多下些工夫。销售跟钓鱼一样，客户永远是为了满足自己的需要才去购买，而不是因为你在推销才去购买，所以要想把产品销售出去，关键是要弄清楚客户的需要是什么。

每个人都有这样的心理感受：当别人帮我们解决了问题，满足了我们的需要时，我们会心存感激，反过来愿意成全对方；但是如果我们心里觉得人家在强迫我们的时候，我们肯定不愿接受对方的任何东西。客户也是一样的，所以，销售员要想成交客户，必须像客户那样思考，弄清他们真正需要什么，这样在推销产品时才能有的放矢。

相信下面这个故事能够给大家带来一定的启发：

一个老太太去市场买水果。

她走到第一个商贩面前，问道：“你的苹果怎么样啊?”商贩回答说：“我的苹果个个保甜，不甜不要钱，买几斤吧，大娘……”

老太太摇了摇头，向第二个摊位走去，又向这个商贩问道：“你的苹果怎么样?”

第二个商贩答：“我这里有甜的和酸的两种苹果，请问您要什么样的苹果啊?”

“我要买酸一点儿的。”老太太说。

“我这边的这些苹果又大又酸，咬一口就能酸地流口水，请问您要多少斤?”

“来一斤吧。”老太太买完苹果又继续在市场中逛。

这时她又看到一个商贩的摊上有苹果,又大又圆,非常抢眼,便走过去问水果摊后的商贩:“你的苹果怎么样?”

这个商贩说:“我的苹果当然好了,请问您想要什么样的苹果啊?”

老太太说:“我想要酸一点儿的。”

商贩说:“一般人买苹果都想要甜的,您为什么会想要酸的呢?”

老太太说:“我儿媳妇怀孕了,想要吃酸苹果。”

商贩说:“大娘,您对儿媳妇可真体贴啊,您儿媳妇将来一定能给您生个大胖孙子。前几个月,这附近也有两家要生孩子,总来我这买苹果吃,您猜怎么着?结果都生了儿子。您要多少?”

“那我再来二斤吧。”老太太听了商贩的话,高兴得合不拢嘴了,便又买了二斤苹果。

商贩一边称苹果,一边向老太太介绍其他水果:“橘子不但酸而且还含有多种维生素,特别有营养,对孕妇和胎儿都有好处。您要给儿媳妇买点橘子,她一定爱吃。”

“是吗?好,那我就再来二斤橘子吧。”

“您老真好,您儿媳妇有您这样的婆婆,真是好福气。”商贩边给老太太称橘子,边说:“我每天都在这儿摆摊,水果都是当天从批发市场运回来的,保证新鲜,您儿媳妇要是吃好了,欢迎您再来。”

“行,以后我就来你这儿买水果。”老太太被商贩夸得高兴,一边付账一边应承着。

故事中三个商贩都在卖水果,但结果却不同。

第一个商贩没有探询老太太的需求,便试图向老太太推销自己的甜苹果,结果失败了。

第二个商贩虽然注意到要探寻客户的需求,并卖出了一斤酸苹果,但是并没有卖出其他水果。原因在于他虽然探询到了老太太想买酸苹果的需求,但没有挖掘到为什么要买酸苹果的更深层次的需求。

第三个商贩充分挖掘了老太太的需求,了解到老太太买酸苹果的原因是想给怀孕的儿媳妇补充营养,自己好能抱上孙子。据此,商贩站在老太太的角度考虑问题,向她讲述来自己这里买水果的两家都生了儿子。并且考虑到孕妇最需要营养,所以应该给孕妇挑选维生素含量高的水果,因此他又向老太太推荐富含维生素的橘子。这样,第三个商贩不但卖出了苹果,而且还卖出了橘子。不仅如此，他又趁机告诉老太太自己每天都在这里卖水果，并且水果很新鲜，这样就为下一步的销售做了准备。

从三个商贩销售水果的过程中，我们可以得出金牌销售的第一个心理营销策略：时刻以客户为中心，把握客户最迫切、最深层次的需求。让客户感觉到我们是在帮助他们解决问题，而不仅仅是在推销自己的产品。

记住：钓鱼时用的鱼饵，不是您所喜欢吃的东西，而是鱼最喜欢吃的东西。

客户也认为自己是上帝

心理学家马斯洛认为：人有受到他人尊重的需要。人人都希望自己能够得到他人的认可和尊重，客户也不例外。销售员常说，客户是我们的上帝。事实上，客户也认为自己是上帝。尤其是现在处于买方市场，客户有权利去挑选那些产品和服务都是一流的地方去消费，所以客户尤为看重销售员对自己是否足够地重视与尊重。

世界上最伟大的汽车推销员乔·吉拉德说过：“我们的客户也是有血有肉的人，也是一样有感情的，他也有受到尊重的需要。因此，你如果一心只想着增加销售额，赚取销售利润，冷淡地对待你的客户，那么很抱歉，成交免谈了。”

乔·吉拉德说的这番话是他从自身失败的销售经验中得出的教训。以下是他的亲身经历：

有一次，一位客户来找他商谈购车事宜。在销售过程中，一切进展顺利，眼看就要成交，但对方突然决定不买了，这让乔·吉拉德百思不得其解。

到了晚上，乔·吉拉德仍为这件事感到困扰，他实在忍不住就给对方拨通了电话。

“您好！今天我向您推荐那辆车，眼看您就要签字了，为什么却突然走了呢？”

“喂，乔·吉拉德，你知道现在几点钟了？”

“真抱歉，我知道是晚上 11 点钟了，但我检讨了一整天，实在想不出自己到底错在哪里。因此冒昧地打电话来请教您。”

“真的?”

“肺腑之言。”

“很好!你是在用心听我说话吗?”

“非常用心。”

“可是,今天下午你并没有用心听我说话。就在签字前,我提到我的儿子即将进入密西根大学读书,我还跟你说到他的运动成绩和将来的抱负,我以他为荣,可你根本没有听我说这些话!”

听得出,对方似乎余怒未消。但乔·吉拉德对这件事却毫无印象,因为当时他确实没有注意听。话筒里的声音继续响着:“你宁愿听另一名推销员说笑话,根本不在乎我说什么,而我也不愿意从一个不尊重我的人手里买东西!”

这次推销让乔·吉拉德懂得了尊重客户的重要性,从此,他牢记这次的教训,发自内心地去尊重他的每一个客户,取得了意想不到的收获。

一次,一位中年妇女走进乔·吉拉德的雪佛莱汽车展销室,说她想在这儿看看车,打发一会儿时间。闲谈中,她告诉乔·吉拉德她想买一辆和表姐一样的白色的“福特”车,但对面“福特”车行的销售员让她过一小时后再过去,所以她就先来这儿看看。她还告诉乔·吉拉德今天是她55岁的生日。

“生日快乐,夫人!”乔·吉拉德一边说,一边请她进来随便看看,接着出去交代了一下,然后回来对她说:“夫人,您喜欢白色车,既然您现在有时间,我给您介绍一下我们的双门式轿车,也是白色的。”

他们正谈着,女秘书走了进来,递给乔·吉拉德一束玫瑰花。乔·吉拉德把花送给那位女士,并微笑着对她说:“祝您生日快乐!”

女士感动得眼眶都湿了。“已经很久没有人给我送花了”,她说,“刚才那位‘福特’推销员看我开了部旧车,就以为我买不起新车,我刚要看车他却说要去收一笔款,于是我就上这儿来等他。其实我只是想要一辆白色车而已,只不过表姐的车是‘福特’,所以我也想买‘福特’。现在想想,不买‘福特’也可以。”最后她在乔·吉拉德这儿买走了一辆“雪佛莱”,并写了一张全额支票。

其实乔·吉拉德从头到尾都没有劝她放弃“福特”而买“雪佛莱”,最重要的原因是她在这里感受到了重视,觉得自己确实受到了如同上帝般的待遇,才放弃了原来的打算,转而选择了乔·吉拉德的产品。

任何一位客户都讨厌受到冷遇，如果销售员把客户晾在一边，那么客户当然不会给你生意。所以，在销售中，我们一定要像尊敬上帝一样去尊重客户，让客户感受到前所未有的重视，满足客户的自尊感，这样才能够赢得客户。

要想从客户口袋里掏钱，先给客户掏心

在实际工作中，销售员可能常常会遇到这样的情况：当自己带着样品来拜访客户时，客户却避而不见或找个借口把我们打发了，有的客户甚至会对别人说：“看见没，又来了一个掏我钱包的！”坦白说，销售人员最直接的目的确实是从客户的口袋里掏钱。但是，如果没有一定的真功夫，只凭死缠烂打，销售的成功率是很低的。

心理学认为，人的本能就是保护自己免受外界的伤害，避免遭受痛苦。而花钱在大部分情况下是一种痛苦，销售员到客户那里想让客户掏钱购买自己的产品，就是在给客户制造压力和痛苦，所以大多数人都会本能地拒斥这种痛苦，尽量避免花钱。

所以，要想从客户的口袋里掏钱，销售人员一定要懂得体会客户的心理，站在客户的角度想问题。我们想卖给客户东西，先要想想如果自己是客户，愿不愿意买这东西，质量怎么样，价格是否公道，能够给自己带来什么好处。如果自己能够信服自己的产品，那就证明产品是有吸引力的，是对得起客户的钱的。只有保证这一点，我们在向客户推销时才能有底气。在与客户交谈时，一定要跟客户站在同一条战线上，讲清楚花钱买了这个产品之后能够给客户带来怎样的好处和快乐。同时，与花钱相比，人们更愿意省钱，所以销售员还要着重强调与其他产品或未购买产品之前相比，能够帮客户节省多少钱。这样，客户感觉到我们是时时处处在替他考虑，而不是一心想着掏钱，掏完钱就走，那么客户自然会不等我们开口就主动掏钱了。

保险销售员小张就是靠着替客户无微不至地设想才赢得其他销售员没有拿下的保单的，下面是小张对他推销过程的自述。

在拜访小王以前，我知道有好几位业务员登门拜访过他，其中有他的叔家妹妹。她告诉我：哥哥没钱给孩子入保险，你去也白去。我知道他挣钱不少，但花钱无计划，加之上有岳父母，下有上学的女儿，一家五口人，没多少闲钱是真的。开始，我不和他谈保险，而是闲谈如何挣钱和花钱。通过交谈，我了解到他的工作是专门给建房户挖地基砌石头，四处流浪打工，一天挣80元左右，一年干200多天活，满打满算挣2万元上下。说起花钱，他很感慨："钱很难挣却好花，由于干活都是收现钱，有个三百二百的，不值得跑银行去存，放在家里花起来就大方，一年到头攒不下几个钱。"

我对他说："这是由于你花钱缺乏计划性造成的。你家里人口多、花销大，花剩下的才存银行，要是一时不节制，一年到头存不下一分钱的情况也是有的，是不是？"

他深有同感："对对，结婚这么多年，都是这样过来的，剩多少存多少，有时只有借给别人的钱才是攒住的钱。"

我说："你这样的理财习惯可不行，你有没有想过，要是一直这样下去，孩子以后的教育费以及你们以后的养老费怎么办呢？生活费的弹性很大，要是放手花钱，一年两万不够，省着点花呢，五六千也可以是不是？"

我看他连连点头，又启发他说："攒钱分主动和被动两种形式。主动攒钱是靠自己自觉地把节余的收入存起来，可是没压力也就没动力，就像你前些年，钱边挣边花，并没有存下来。被动攒是有人催着，不攒人家不让。入保险就属于被动攒钱，到时候保险公司会提醒你该存钱了。比如：孩子从小学升中学，将来还要读大学，要花很多钱是肯定的吧？到时候由不得你没钱。你从现在开始给孩子在保险公司里存一笔教育金，一年只需要省下两千，十年后就是一笔很可观的储蓄，保险公司每年还会有分红，并且又给孩子增添了一份人身保障。现在每年拿出两千对生活不会有太大影响，但是如果你不提早存钱的话，十年后一下子让你拿出二十万几乎是不可能的，你说对不对？"

话说到这里，小王连连点头，还问我什么保险好。

就是这一次拜访，小王给女儿买了保险，还许诺夫妻两人的养老保险也要在我这里入。

在这个销售案例中，小张并没有强迫客户买保险，而是真正站在小王的立场上，思考如何为小王存钱、省钱。这样，小王不但没有反感，反倒连连赞同小张的看法，最后决定在小张那里投保。

事实上，客户和销售员之间的冲突是必然存在的。因为，从销售员的角度出发，目的无非是从客户腰包里掏钱。从客户的角度来看，他们要尽可能地避免钱包里的钱溜走。要想将二者从对立的位置转到同一立场，销售员千万不要把自己接近客户的意图仅仅定位在挣他们的钱上面，那样客户一定会对我们敬而远之。销售员一定要像小张一样，处处为客户着想，把客户的钱当成自己的钱来考虑，给客户提供能为他们增加价值和省钱的建议，让他们觉得我们是在真心地为其提供服务和解决问题，没有人比我们更能帮他做出正确的决定。这样，客户才能充分信任我们，解除对我们的心理防备，并在潜意识中接受我们。如果能够达到这一点，相信我们的交易就会很容易成功。

不要在客户面前喋喋不休

在现实生活中，大家都讨厌那些只顾自己说得痛快，而忽视别人感受的人。事实上销售员也经常犯这样的错误，令客户反感。通用电气的副总裁哈尔哈德·纽曼曾说：“我们在总公司的会议上对推销员为什么会失去推销机会进行投票表决，结果75%的人认为最主要的原因是推销员说得太多。”

我们知道，一个人要想以自己的观点说服对方必须凭借有效的交流和沟通，而沟通效果的好坏并不取决于谈话的长度，而是在于所说的内容是不是能够让对方感到清晰明了、有理有据，足够引起对方的兴趣。如果在销售的过程中，销售员生怕自己哪里讲得不清楚，只知道喋喋不休，不向客户发问，也不给客户任何开口说话的机会，就不可能真正地知道顾客对什么感兴趣，是否听懂了自己的讲述。这样，即使说得再多，也不能说服客户。

并且，每个人都有表现欲，如果销售员夺去了客户说话和表现的机会，客户自然会不高兴，这样客户对你的印象值也就下降了。另外，一个人在某件事上能够集中注意力的时间是很短暂的，客户表面上是在听你说话，其实，他早就被你又臭又长的谈话弄得烦躁不堪了。这时，他想的只是希望你早点结束高谈阔论，而不是购买你推销的产品了。

销售员小李在这方面受过很大的教训，所以深知喋喋不休的坏处。

小李是一个很勤快的业务员，对产品又十分了解，可不知道为什么业绩总是上不去。一位朋友私下里告诉小李：“你这人就爱说个没完没了，一分钟就能讲明白的事却非得说上15分钟,我都不敢向你提问题了。”这还只是朋友闲聊,有一次在与客户的会谈中,对方忍无可忍,最后毫不客气地说:“有话你就直说,别在那儿纠缠细枝末节了!”

小李听了这些话后深刻地反省了自己,“话痨”的毛病浪费了客户和自己的宝贵时间,使自己失去了许多宝贵的推销机会。于是小李痛下决心要学习长话短说,叮嘱妻子每次见他喋喋不休时马上在嘴边竖起手指。

小李经过数月苦练,终于改掉了坏毛病,他的业绩比以前提升了不少。

所以,大家千万不要像小李一样,做一个婆婆妈妈的多嘴推销员。在销售过程中我们一定要做到以下两点:

1. 尽量少自夸

销售员必须对自己的业务很熟练,要见多识广,但切忌王婆卖瓜,自卖自夸。只要把公司及产品的优势,能够给对方带来的好处简明扼要地说清楚就可以了。夸得太多容易造成客户的不信任,有可能把客户吓跑。

2. 语言简洁易懂

如果在介绍产品中涉及专业术语,销售员要用客户听得懂的语言来讲述,做到言简意赅、生动形象,这样才能打动客户。

关于这一点小王用形象的表演和简明易懂的语言代替几千字的企划案,从而赢得订单的经验可以给我们带来一定的启示:

小王是某PC保护屏的推销员。在推销这一产品时会用到很多专业的词语,客户很难理解,所以小王就把那些晦涩的术语形象化,让自己的客户能够很好地理解。

有一次,小王的公司想把这一产品推销给当地的一家企业。在数次的谈判中,销售方虽然提出长达数千字的企划案,但结果仍一事无成。

突然,小王灵机一动,想到以表演的方式代替口头游说。他站在买方前,把一根棍子举在面前,两手握紧棍子的两端,使它微微弯折,说道:“各位先生,这根棍子只能弯到这个程度。”说完这句话,他让棍子恢复原状。

“所以,如果我用力过度,这根棍子就会折断,不能再恢复原状。”他用力弯曲棍子,超过棍子的弹性度,于是它的中央出现折痕,再也不能恢复本来笔直的形状。

“这就像人们的视力只能承受到某个程度的压力,如果超过这个程度,视力就难以恢复了。贵公司的员工们长时间接触电脑,那么电脑对视力的伤害就不言而喻了。而我们的产品不但能够抵御电脑的各种辐射，还能够缓解视力疲劳等。”

最终，该公司决定向小王购买一批PC保护屏。

所以销售员一定要牢记长话短说，说话时应察言观色，如果对方没有让我们继续说下去的意思，应提早住口，有时沉默是金。

谦虚一点，把表现的机会留给客户

在人际交往中，有很多人想靠努力表现自己的聪明才智来赢得交往的主动，其实这是再拙劣不过的交际方法。法国一位心理学家说：“如果你想树立一个敌人，那很好办，你拼命地超越他、挤压他就行了。但是，如果你想赢得一个朋友，就必须得做出点小小的牺牲，那就是让朋友超越你，在你的前面。”其实这个道理很简单，那就是每个人在他人面前都想满足自己的表现欲。人人都有表现欲，我们的客户也不例外。能够了解客户的这种心理会给我们的销售带来很大的帮助。

客户的这种表现欲一般表现为想当然，根据自己的心理与行为表现来揣测别人的心理与行为；或者自以为是、好为人师。在销售中我们会发现，一旦我们给客户施展自己才能的机会，满足了他的表现欲，他会不自觉地对我们产生好感；但是当我们超越于他们之上时，他们内心便会感到不舒服，有的甚至会产生嫉妒心理。所以，作为销售员，在销售过程中一定要注意这一点，不要自以为什么都知道，把客户当成笨蛋。

销售员尤金·威尔森的例子充分地告诉了我们满足客户表现欲的重要性。

尤金·威尔森是专门为一家设计花样的画室推销草图的推销员，销售对象是服装设计师和纺织品制造商。有一位客户令威尔森感到很难推销，他是纽约一位著名的服装设计师。一连三年，威尔森每个礼拜都会抽时间去拜访他。

“他从来不会拒绝我，并且每次接见我都很热情，”威尔森说，“但是他也从来不买我推销的那些图纸，他总是很有礼貌地跟我谈话，还很仔细地看我带去的东西。可到了最后总是那句话：‘威尔森，我看我们是做不成这笔生意的’。”

经过了无数次的挫败，威尔森开始反省自己在推销过程中哪里出了问题，最后他得出自己太墨守成规的结论。他太遵循那老一套的推销方法：一见面就拿出自己的图纸，滔滔不绝地讲它的构思、创意、新奇。对于这些，客户早已听得不耐烦了，完全是出于礼貌才让他讲完的。威尔森认识到这种推销方法已太落后，需要改进。于是他下定决心，每个星期都抽出一个晚上去看心理学方面的书，了解在交往中人的种种心理，懂得了更多的处世哲学。

过了不久，威尔森终于找到了对付那位服装设计师的方法。他了解到那位服装设计师为人比较自负，别人设计的东西他大多看不上眼。于是他抓起几张尚未完成的设计草图来到那位服装设计师的办公室。

“鲍勃先生，如果您愿意的话，能否帮我一个小忙？”他对服装设计师说，“这里有几张我们尚未完成的草图，能否请您告诉我，我们应该如何把它们完成，才能对您有用处呢？”那位服装设计师仔细地看了看图纸，发现设计人的初衷很有创意，就说：“威尔森，你把这些图纸留在这里让我看看吧。”

几天过去了，威尔森再次来到办公室，服装设计师对这几张图纸提出了一些建议，威尔森虚心地用笔记下来，然后回去按照他的意思很快就把草图完成了。结果服装设计师大为满意，全部接受了。

从那以后，威尔森去推销总是先问买主的意见，虚心向买主请教，然后再根据买主的意见制图纸。那些买主对威尔森的图纸非常满意，因为这相当于是他们自己设计的。这样，威尔森从中赚了不少的佣金。

威尔森之所以花三年时间都没有在服装设计师那里推销成功，就在于他以前总是告诉客户草图的设计如何如何新颖，如何如何适合他，不断地催促对方来买他的产品，却从来不管对方的想法。而服装设计师是一个很自负的人，他对别人设计的草图自然会百般挑剔，无法满意，也就理所当然地拒绝了威尔森的推销。而当威尔森改变了销售策略，虚心向客户请教意见，按客户的意思去改进产品，这样就使客户觉得自己有了优越感，内心的表现欲得到了满足，他就再也无法拒绝有他参与设计的产品了。这样，威尔森的销售工作就变得容易多了。

所以，销售员在销售过程中一定要谦虚，尽量把表现的机会留给客户，让客户给我们多提一些宝贵建议，变“我要卖”为“他要买”，这样才能更有利于我们的销售。

向客户证明价格是合理的或利润是可观的

对于任何一位客户来说,价格都是一个十分敏感的问题。客户都想买到物美价廉的产品,所以,产品的价格合不合理或者能给客户带来的利润是不是可观,对客户来说至关重要。既物美又价廉的产品自然好销售,但大多数时候都不能两全其美,这就要求销售员充分发挥作用,将品质好的产品卖上个好价钱。一般来讲,产品的品质越好,带给客户的利益越大,客户的购买欲望就越强烈,在其能接受的限度内,客户对产品的价格也就不会太在意了。所以,销售员一定要把握住客户的这种心理,努力突出产品的优势,致力于谈论产品能够带给客户的利益,强调物有所值、物超所值,使客户对产品倾心。

销售员在推销时还必须注意将购买产品后的利益具体化、现实化,使其能够令客户信服。以销售电热毯为例,销售员可以这样向客户介绍产品:“这个电热毯虽然在价格上略高于其他种类电热毯,但它具有自动调节温度的功能,所以不用担心温度过高或偏低。并且它有两个开关分别设置在两边,这样,您不用起身就可以从任意一边关启电源。它的重量仅有1.5千克,搬运或存放都很方便。最值得一提的是它的面料可以水洗,在清洁上不用另外花干洗费……”通过销售员的介绍,电热毯带给客户的好处变得真实可感,很好地刺激了客户的购买欲望。这样,客户就会恨不得马上把它带回家,淘汰以前的电热毯。

此外,在介绍产品特点的同时提及它所具备其他公司产品所不具备的各种好处,使客户觉得价格虽然稍贵,但购买这种产品可以获得许多额外的利益,所以还是可以接受并愿意购买的。

徐先生打算买一张办公椅,在家具店里看到一贵一贱两张椅子,不知该如何挑选。

销售员在徐先生试坐两张椅子后,对徐先生说:“800元的这张椅子坐起来比1500元的椅子感觉要软一些,您会觉得800元的这个更舒服,这是因为两种椅子内的弹簧数不一样。您知道,不良的坐姿会让人的脊柱发生侧弯,很多人脊柱、颈椎或腰部出现问题就是因为坐姿长期不良而引起的。所以,您选椅子一定要选那种能让您保持良好坐姿,从而保护好身体健康的椅子,您说是不是?这种1500元的椅子就充分考虑到了客户健康的问题,在里面增添了许多弹簧,光是多出的弹簧的成本就要将近300元。虽然增加了成本,但由于弹簧数较多,所以绝对不会因为椅子变形而影响到客户的坐姿,所以生产厂家觉得这样做还是值得的。另外,这张椅子旋转的支架是很特别的,您也知道,如果这一部分坏了,整个椅子就报销了。因此,厂家把这张椅子旋转的支架设计成纯钢的,不会因为过重的体重或长期的旋转而磨损、松脱,因此,这张椅子的平均使用寿命要比那张多一倍,而纯钢和非纯钢的材料价格会差200元左右。另外,1500元的椅子,看起来虽然不如那张那么豪华,但它完全依据人体力学设计而成,坐起来虽然不是软绵绵的,但却能够保证您即使坐很长时间也不会感到疲倦。一张好的椅子对像您这样经年累月坐在椅子上办公的人来说实在是非常重要的,这张椅子虽然不是那么显眼,但却是一张能够给客户带来实际价值的椅子。老实说,那张800元的椅子中看不中用,是卖给那些喜欢便宜的客人的。”

徐先生听了这位销售员的说明后,心里想:别说只贵700元,为了保护我的脊柱,就是再贵一些我也会购买这张较贵的椅子的。

从上述案例中销售员成功的推销过程中,我们可以得出这样一个心理营销策略,即销售员要学会向客户证明产品的价格是合理的,如果客户不舍得花钱购买我们推荐的产品,觉得价格高,难以接受,而想选择一些相对便宜的产品,销售员可以将二者进行对比、示范,向客户强调所销售产品的独特优点,说明自己推荐的产品能给他带来实实在在的利益,激起他的购买欲望,这样客户才能心甘情愿地购买。

强化情绪体验,让客户花钱花得开心

相信没有哪个人愿意花钱买不愉快,每一位客户都希望碰到善解人意、服务贴心的销售员,使自己不仅购买到了一种商品,而且也在消费的过程中获得了好心情。所以,销售人员一定要关注客户在购买过程中的情绪体验,要让他们得到足够的愉悦感,甚至可以称得上是幸福的感受。

虽然购买时的好心情和坏心情都能给顾客留下深刻的印象,但是客户的这两种心情给销售员业绩带来的影响的差别却非常大。倘若我们的服务没有令客户满意,他在听我们推销时,心情很糟糕的话,那么他就会以强烈的怨念提醒自己以后不要再来购买我们的产品,而且还要提醒亲友们也不要光顾我们。倘若当客户在回顾无数次消费经历时,我们所提供的购买经验能够让他微笑,感到十分舒心的话,那么他就会牢牢地记住我们给他带来的积极的情绪体验,并且会主动向别人介绍我们和我们的商品,他本人也会再次照顾你的生意的。这样,销售员还用发愁没有客户吗?

那么怎么才能让客户花钱花得开心呢?事实上,这很大程度上取决于销售员是否能够有效地与客户沟通。沟通不是简简单单地对话,而是要学会换位思考,体会顾客的喜怒哀乐,让顾客享受到购物的乐趣,而不是花钱的痛苦。如果客户在购买产品的过程中感受到快乐,那么签单自然不成问题。

宝马销售员小陈就是通过这种办法,在激烈的汽车销售竞争中赢得客户的。

这是在宝马汽车的销售现场,销售人员小陈面带微笑,带领客户试车:“先生,来,请进入我们的驾驶室,亲身感受一下驾驶的快感吧。来,坐好。请您想象一下:在一个仲夏的傍晚,你开着这辆车,驰骋在海滨大道上,无尽的美景扑向你的眼帘,微咸的海风吹拂着你的头发,车里满是你所喜欢的皮革的味道,同时伴随着优美的音乐,我们车里还有车载冰箱,里面装满了美食美酒。你身边就坐着你最爱的家人、朋友,他们和你一起共享着生命中这样最美好的时光。这辆车就像你家的老狗一样,它将会陪着你,度过无数的晨昏,见证你生命中每一个重要的时刻。如果我是你,我将会尽快邀请这样一位朋友进入到我的生命旅程中。而且现在正是9月的秋天,天高气爽,何不趁现在就把这款爱车开回家呢?”

客户听了小陈的一番话后,感觉自己好像真的在开着宝马,奔驰在美丽的海边一样,心情特别舒畅,本来还在几个汽车品牌之间犹豫的他,在试完车后爽快地与小陈签了单。

在上述案例中,小陈销售成功的关键在于他充分地把客户的购买热情调动起来了,让客户觉得如果能够拥有这辆车自己将会变得比以前更潇洒,生活更开心,家人朋友更喜欢自己,总之,客户会觉得拥有这辆车后自己会变得比以前特别。很多时候,我们会发现,对于客户来说,他可能回家思考了半个月，最后还是买了这款车。可是为什么不是此时此刻立即购买呢？其中有一个很大的潜在心理因素：客户的愉悦感没有被调动起来。客户不觉得有什么理由要他迫不及待地拥有这辆车。

小陈通过富有感染力的语言向客户勾勒了一幅活色生香的生活场景。在头脑想象的“情境”中，客户“看”得到无尽的美景、“闻”得到微咸的海风、皮革味；“听”得到悦耳的音乐；“尝”得到美食美酒；“感觉”得到和家人朋友欢聚时的幸福。五种感官因素都被加入到销售人员的推销过程中。它们向客户提供了一种难以言喻的心理体验：愉悦感。正是这种臆想中的愉悦感捕捉了客户的心。而客户的心则是通往客户的钱袋最快的途径。尤其是销售人员的最后一句话：“现在正是9月的秋天”更是为客户立即下订单起到了推波助澜的作用。

所以，销售员在为客户理性地分析产品之后，不妨抓住客户的心理，运用感性销售的策略，帮客户制造一系列拥有产品后的美梦，让客户花钱花得开心，使他觉得在你这里购买产品是一种享受。这样，你的推销就成功了。

老谋深算的客户如何欺骗你

销售员都知道，客户提出的问题越多，就表明他的购买需求就越大，购买意向就越强烈。但这要有一个前提，那就是客户提出的都是真问题。这是因为，有时候，老谋深算的客户也许并不想购买产品，于是有意提出一些假问题，来刁难或者敷衍你。

有的销售员从来不考虑客户的问题是真是假，只要是客户提出的问题就全部解答，结果被客户的问题所困，上了客户的当。所以，销售员要学会分析客户心里的虚实。当客户给我们提出问题时，我们要有意识地考虑一下问题是真的还是假的，他提出这个问题是出于什么目的等等。如果是真实问题我们就要为他耐心解答，否则就要学会巧妙地避开这个问题。

那么，销售员该如何揭开客户心理的面纱，判断问题的真假呢？以下几个方法可供大家参考：

1. 假设法

“假设法”就是假设这个问题已经解决了，客户会不会购买。比如，客户说：“你们的产品没有很好的售后服务。”销售员可以说：“如果我们的售后服务令您满意的话，您是不是就决定购买了呢？”如果客户的回答是肯定的，那么这个问题就是真实问题。

2. 反问法

“反问法”就是销售员来反问客户，让客户自己去解决自己提出的问题。比如，客户说：“你们的产品没有很好的售后服务。”销售员可以说：“那您觉得什么样的售后服务您能满意呢？”如果客户提出了具体的要求，那么这个问题就是真实问题。

3. 转化法

“转化法”就是把客户提出的问题转化成我们的一个卖点。比如，客户说：“你们的产品没有很好的售后服务。”销售员可以说：“您的担心是应该的，我们现在的售后服务确实不是很完善。但您要知道我们的客户投诉量是最少的，这就说明我们的质量是最有保证的。质量与售后服务您会选择哪一个？”

在销售过程中，客户有异议或者拒绝销售员，这都是很常见的。然而，关键的是销售员在识别了客户的心理，认清了问题的真假后，要能充分发挥自己的个人能力，引导客户跟着自己的思路走，把问题和异议处理好，变拒绝为接受。

以下五种方法可供参考：

1. 提前进行巧妙的暗示

销售员在开始同客户会面时，就应留意向客户做些对商品的肯定暗示，从而使对方说不出拒绝的理由。例如：

“夫人，您的家里如果装饰上本公司的产品，那肯定会成为邻里当中最漂亮的房子！”

“本公司的储蓄型保险是您最好的投资机会，5 年后开始返还，您获得的红利正好可以支付您儿子的大学费用！”

做出诸如此类的暗示后，要给客户一些时间，以便这些暗示逐渐渗透到客户的潜意识里。

只要我们在推销一开始，就利用这个方法给客户一些积极的心理暗示，客户的态度就会随之变得积极起来。当我们稍后再试探客户的购买意愿时，他可能会再度想起那个暗示，并且会忘记这个暗示是来自于他人，甚至还会认为这是自己思考得来的。因此,这些积极的心理暗示可以帮助销售员避免客户那些节外生枝的拒绝与异议的提出,直到与我们成交。

2. 引出客户的真心话

客户虽然提出一大堆看似关心产品的问题,但真正的想法可能是“我听腻了你那一套说辞,反正我又不打算买,随便敷衍一下,使一下缓兵之计”。在这种情况下,推销员倘若信以为真就不好办了,这时,推销员要试着引出客户的真心话。比如可以直接询问客户:“您提出异议是不是因为贵公司最近资金比较紧张,对于购买这些设备存在一定的压力呢?”若能让客户说出真心话,了解其中的原因,就有希望进一步去促成。

3. 笑而不答法

有些客户的异议没有明显的动机,也许只是习惯或者是发泄,这时,我们只要面带笑容点头同意或装傻就好了。特别是在一些大型的销售中,客户的内部关系错综复杂,销售员说话稍有不慎,就容易节外生枝,所以销售员要格外小心。

4. 借力法

所谓的“借力法”就是以其人之道还治其人之身,将客户的异议转变为说服客户购买的理由,迅速地陈述带给客户的利益,以引起客户的注意。

一位工业设备销售员对客户的高价异议是如此做出反应的:

“这正是我认为您要购买的理由。”

客户的注意力被拉了回来:“你的意思是……?”

“您只要多付出10%的价格,就可以提高20%的效率,这不正是您所需要的吗?”

5. 第三方证明法

客户在有关产品性能和技术指标方面提出异议时,如果销售人员的回答还不足以使客户信服,可以采用第三方证明法。如:国家权威机构的检测报告、已使用此产品的客户名单和联系方法或者邀请客户到工厂实地考察等。

总之,销售人员要学会随机应变,做好客户心理的侦察员,做到在不同的情境中,灵活运用不同的应对方法来面对不同类型的客户,满足他们的需求。这样可以使我们转败为胜,极大程度地提升我们的成交概率。

第二章

做销售，就要懂点心理『显规则』——你不可不知的心理学定律

在做销售时，销售员常常猜不透客户的心思，所以不知道该怎么回应客户，结果屡战屡败。于是，销售员便开始害怕客户的拒绝，不敢再去拜访客户，没有拜访率，业绩可想而知。其实，这是由于我们没有掌握做销售必备的一些心理“显规则”的缘故。所以，本章专门为销售员介绍一些心理学定律，为大家了解客户的心理、调整自己的心态提供一些参考。

伯内特定律：让产品在客户心中留下深刻的印象

伯内特定律是美国的广告专家利奥·伯内特提出的。它的内容是：产品要占领市场，先占领顾客的头脑。

在当今的市场竞争中，这个定律给销售人员带来的启示是：没有创意就没有市场，市场和商机都孕育在创意之中。只有不断地发现客户的需求，并千方百计地用广告的创新和产品的创新来吸引更多的客户，让产品在客户的头脑中占有重要的位置，才能够促使客户购买我们的产品，才能在激烈的商品竞争中畅销不衰。

这是因为客户有一种容易被新奇事物吸引的心理，所以新颖的广告和具有特色的产品能够在客户心中留下深刻的印象，激起客户的购买欲望。并且人们都喜欢购买自己熟悉的产品，通过广告的不断重复，能够让客户对产品有一定的了解。同时，广告在潜移默化中让客户心理上接受了产品，从而占领了客户的头脑。广告播出时间长了，产品的名气也不断上升，这样，与其他未做广告的产品相比，客户心理上会更加信赖这种产品。所以销售人员一定要抓住客户的这种心理，充分利用广告的作用、重视产品的创新。

“鹤鸣”鞋店就是通过一个具有创意的广告，使顾客对产品产生了好感和好奇心，勾起他们购买产品的欲望和冲动，从而取得销售上的成功的。

“鹤鸣”鞋店虽然是老牌鞋店，但生意冷清，无人问津。当时正在流行广告宣传，于是鞋店的老板也想通过做广告的办法提高销售额，但是却想不出什么样的宣传可以达到理想的效果。当账房先生发现老板为如何提高广告的效果为难时，笑着对他说：“商场的竞争如同战场打仗，要想打败对手，更重要的是要讲究策略。所以我们要想赢得顾客，必须充分把握他们的心理，搞点新花样，来吸引他们的关注。你只需在市内发行最广的报纸上登三天广告，就可以解决鞋子销售的问题。第一天只需在报纸上登个大大的‘?’并在下面写上一行字：欲知详情，请见明日本报栏。第二天和第一天一样。在第三天揭晓谜底，在广告上写上这样一行字：三人行，必有我师，三人行，必有我鞋——鹤鸣皮鞋。这样，我保证咱们的皮鞋销路大开。”广告登出后，果然效果甚佳，吸引了众多的顾客，鹤鸣皮鞋转眼间成为家喻户晓的皮鞋，生意也开始兴隆起来。

对如何吸引顾客的眼球和注意力，账房先生确实独具匠心，他不断地为顾客设下悬念，吊他们的胃口，最后突然解密，使读者恍然大悟，并对“鹤鸣”皮鞋这个品牌留下深刻的印象。这则广告虽然极其简单，但是别致新颖，它突破了详细介绍产品功能的常规，让产品的品牌占据了消费者的大脑，这就是“鹤鸣”鞋店的销路成功打开的原因。

要想占领消费者的头脑，不仅要进行广告宣传，更要从产品本身着手，使产品别具特色，创造新的市场和产品需求。只有这样，产品才能占领消费者的心理空间，我们才能赢得销售的契机。

豆制品在中国历史悠久，深受顾客喜爱，但是豆制品的种类在千百年来并没有太大的变化和发展，这就使它在销售的数量上受到了限制。而美国的商人通过自己的创意，把中国的豆浆制造出不同颜色和味道，比如有草莓味、香蕉味、巧克力味，受到众多消费者的欢迎，现在已有连锁店200多家，年销售额达三亿美元。

另有一位台湾的商人，通过创意，制造出不同颜色和味道的豆腐。他们根据消费者的喜好，在豆腐中加入奶油、咖啡、果汁等，他们还通过加入不同的原料制造出红、黄、绿三色豆腐。由于产品具有创意，受到了许多消费者的喜爱，这位商人也因此从豆制品的生意中获得了巨大的利润。

所以，国内外许多销售界的权威人士提出：做销售一定要懂得客户的心理，除了要让客户购买我们的产品，还要让他们喜爱我们的产品，做到在客户心里，我们的产品是他唯一的选择。所以我们必须具有强烈的塑造形象的意识，像保护眼睛一样维护产品在客户心中的形象。

二八定律：维护好大客户的面子

二八定律是由意大利著名经济学家维尔弗雷德·帕累托发现的。帕累托注意到，社会上的人似乎很自然地分为两大类：一类被他称之为“举足轻重的少数人”，另外一类则是“无足轻重的多数人”。前者在金钱和地位方面声名显赫，约占总人数的20%；后者生活在社会底层，约占80%。并且，几乎所有的经济活动都受二八定律的支配。在销售中，这一定律体现在20%的客户带来了80%的销售额。这意味着，大客户对销售人员来说至关重要。

大客户往往给销售员带来大订单，并且大客户对于本区域的其他客户往往具有极大的广告与示范效应，有利于销售员的进一步推销。但是大客户也给销售员带来了前所未有的挑战。这是因为在他们的心里，也往往以大客户自居，认为自己对销售员及销售员所在的公司具有十分重要的作用，所以觉得自己应该受到最好的服务，如果服务稍有不周就会百般刁难，甚至有时对销售员的态度暴躁无礼，还会提出种种不合理的要求，并且认为这是理所当然的。大客户往往是很爱面子的人，如果销售员这时顶撞了大客户，即使自己是有理的，那么也很有可能把交易搞砸，遭受损失。

俗话说，“好钢用在刀刃上”，对待大客户，我们绝不可以掉以轻心。如果销售员碰到了上述这一类大客户，就要注意把握他们的心理，运用一些策略维护好大客户的面子，维持与大客户关系的健康状态。所以，在平时与大客户的交谈中，我们可以灵活运用以下两种方法来化解客户的不良情绪，在不损害客户面子的基础上达成自己的目的，取得更好的销售业绩。

1. 置换法

置换法是指说话人为避免直接指出对方的缺点或问题时，有意进行置换，把可能会丢面子的事，转换到其他人身上，这样可以减少与对方的冲突，为对方找到了台阶下。

下面这个案例就很好地运用了置换法。

玛丽是美国旧金山一个大百货公司的售货员。这一天，玛丽的一位大客户要求退一套服装。下面是玛丽的处理办法：

玛丽：“这套衣服您穿过吗？如果是已经穿过的，按照公司规定是不能给您退的。”

顾客：“绝对没穿过。”

玛丽：“好，请您稍等，让我检查一下。”

玛丽展开衣服检查，发现衣领有穿过的痕迹，胸襟上也有别过胸针的痕迹。玛丽想，直接说衣服已经穿过，顾客不会轻易承认，而且容易引起冲突，并且她总来这里买衣服，丢掉这个客户也是很可惜的。于是玛丽想到了一个两全其美的说法。

玛丽：“太太，我很想知道，是否你们家某位女孩穿过这件衣服。您知道，好些小女孩喜欢试穿大人的衣服，在镜子前照来照去的。我女儿就爱趁我不在家的时候，穿我的衣服玩。我猜您也碰到了同样的事，因为这套衣服的领口和前襟都有穿过的痕迹。我现在指给您看一下。”

顾客看看衣服后说：“可不是吗！我没注意到，可能我不在家时，女儿试穿了这套衣服。”于是她乖乖地把衣服包起来走了。

玛丽发现衣服被穿过之后，并没有直接指责顾客说谎，而是为她找了一个台阶下，这样就顾全了客户的面子，没有让客户在心里留下对玛丽的不满，从而既拒绝了客户的无理要求，又保住了一个大客户。

2. 使用模糊语言

当遇到大客户提出无理的要求或恶劣的态度时，为了避免冲突，也为了给双方留有回旋的余地，不宜用明确的语言，而最好用模糊的语言。在不能满足对方的要求时，不要直接说“不”，这样可以减轻对方的挫折感，使得对方比较容易接受。

小王在一家电脑公司做销售，公司已经给一位大客户最优惠的价格了，但这位大客户得寸进尺，再次要求减价。这时，小王并没有生硬地把客户顶回去，更没有说什么尖刻的话，而是用了模糊的语言，他说：“实际上您已经拿了个好价钱，我们公司几乎没有利润了。可是您一再要求，那我就再向主管汇报汇报，之后给您回话，好不好?”小王在此处用了模糊语言“再汇报汇报”。等到回话时，小王说：“我已经尽力了，价格的确降不下来。”听了这样的话，客户认为他摸了底，也就接受了这个价格。

还有一次，有一批货品由于在运输途中遇到强台风，延误了交货期。这时一位大客户打电话给小王，指责小王的公司故意违约，不依不饶，还连说带骂。此时小王控制住自己的情绪，并没有与客户争辩，再次使用了模糊语言来应对。他说：“耽误了货期，实在对不起，我给您道歉！这批电脑运输途中遇到了强台风，耽搁了，我比您还着急呢！咱们打交道也不是一天两天的了，您一向通情达理，咱们明白人可别说不讲理的话。货一到，我们先给您送。”

小王的本意是想说服这个客户不要不讲理。但是为了避免冲突，给这位客户留面子，他使用了模糊语言。第一，他不直接说“你”而是说“咱们”，这就模糊了要说服的对象，把自己也包括进去了。第二，在说服这位客户“别说不讲理的话”之前，先肯定了这位客户，说“您一向通情达理”、“咱们明白人”，这就模糊了对这位客户的批评。这样一来，客户的气也就消了，于是停止了吵闹。

总之,掌握二八定律,认识到大客户对销售工作的重要意义对销售员来说是很重要的。当销售员遇到难缠的大客户时,应该理解他们的心理,不妨像案例中的玛丽和小王一样,要顾全大局,运用一些巧妙的销售策略来避免和客户发生正面冲突。

奥美定律:把客户当做上帝一样服务,客户就会关照你的生意

常言道:“投之以桃,报之以李。”这是人们最普遍的心理,这种心理同样适用在销售活动中。客户购买产品时都希望能够受到良好的服务,如果销售员不仅能为客户提供优质的产品,而且还送去真诚周到的服务,那么客户自然会回报你。反之,如果服务不好,那么即使再好的产品客户都不会考虑了。

美国奥美广告公司就是针对客户的这种心理,提出著名的奥美定律:服务顾客至上,追求利润次之。也就是说,在销售工作中如果能真正做到把客户当做上帝一样服务,那么客户自然会关照你的生意,你的腰包也自然会鼓起来。

可是,把“服务上帝”放在嘴上容易,要是时刻放在心上并真正实际行动起来就难了。根据美国白宫消费者相关机构调查的资料显示,有68%的顾客不再上门,就是由于销售人员服务不佳所致,服务的重要性不言而喻。所以,服务无小事,销售人员要摆正与顾客的关系,始终坚持顾客第一的思想,并且真正地付诸实施,让客户满意。

1955年时,沃尔玛超市还默默无闻。到1979年,沃尔玛全年销售额也才首次达到十亿美元。可到1993年,它一周的销售额就达到了这个数,2001年更是一天就予以完成。沃尔玛靠出售廉价的零售百货,在40年内“打遍天下无敌手”,成为商业零售巨头。沃尔玛的成功,得益于其长期遵从的服务顾客战略。战略的核心就是以薄利让顾客受益,以服务让顾客满意。

不管你走进哪里的沃尔玛,“天天低价”是最为醒目的标志。为了实现低价,沃尔玛想尽了招数,其中最重要的一个方法就是大力节约开支,绕开中间商，直接从工厂进货。统一将订购的商品送到配送中心，配送中心再根据每个分店的需求对商品就地筛选、重新打包。这种类似网络零售商“零库存”的做法使沃尔玛每年都可节省数百万美元的仓储费用，实现了薄利多销。更重要的是，它为顾客省了钱，带来了实惠。

除了低价，沃尔玛还有许多为保证服务质量而制定的规则。比如，当顾客走到距离沃尔玛职员10英尺的范围内时，他们就要温和地看着顾客的眼睛，向他打招呼并询问是否需要帮助。这有名的“十英尺态度”至今还是沃尔玛职员奉为圭臬的服务守则。此外，“太阳下山”原则、“超越顾客的期望”等等都是沃尔玛吸引顾客的制胜法宝。

坚持最好的服务一天两天容易，但时间长了就很难尽善尽美了，然而沃尔玛却几十年如一日地对待顾客。面对“天天低价”、“十英尺态度”等如此良好的服务，顾客怎能不回报沃尔玛呢？

另外，服务态度的真诚也很重要。在海尔有一句响亮的口号：真诚到永远！下面是海尔的一位客户以亲身经历见证了海尔服务的真诚。

以前听说海尔的服务很好，但也仅限于听说而已。这两天，我切身感受到海尔服务的真诚。

去年年底我买了一台海尔洗衣机，前两天出了故障，电机不转了，昨天下午四点多钟，我打电话给海尔客服中心，请求上门维修。客服人员询问我什么时候方便，我说：今天如果不行，明天随便什么时候安排个时间。客服说尽早给我安排。我想：都星期天下午四点了，今天肯定没戏。

六点多钟的时候，我接到了维修部的电话，向我道歉，说客服通知他们七点钟上门维修，但由于是星期天，维修人员忙不过来，所以只能第二天来。虽然我对客服说明天过来也可以，但客服还是通知维修人员当天下午上门，可见海尔人真的是想客户所想、急客户所急，发自内心地来为客户解决问题。从这个细节就可以看出海尔人服务的真诚。

最后，我和维修人员把时间约在第二天十二点。夏天的太阳很厉害，天气很热，可是维修的师傅还是在十二点准时到达。在简单地询问了故障的情况后，他们很快找到了原因，并排除了故障。原来有三枚硬币掉进洗衣机里了。维修师傅不仅帮我取出了硬币，还解释了电机不转和产生焦臭味的原因，帮我上好了原来没装上的底罩，修好了漏水的水龙头。维修师傅像修理自己家的洗衣机一样周到热诚地为我服务，我真的很感动。

经过这件事,我决定以后所有的家电都去海尔买,是海尔真诚的服务彻底打动了我的心。

由此可见服务态度的真诚是多么的重要。

其实,销售员要想获得成功并不需要什么特别的法宝,我们只要遵循奥美定律,把客户当做上帝一样,真诚周到地为他们服务,那么客户自然会被感动,我们也就不愁不能赢得客户的心了。

布利斯定律:设立销售目标和计划

美国行为心理学家艾得·布利斯发现一个对销售员来说很有用的定律,即在做一项工作之前,如果给自己设定目标,花时间做工作计划,那么完成这项工作所用的总时间就会减少,这项发现后来被称为布利斯定律。

面对工作,人人都有懈怠心理,而销售这项工作是需要付出努力才能有回报的,容不得半点偷懒的心理。制定目标可以对销售员起到一个激励的作用,让他们时刻处于备战状态,为了目标而不断奋斗。同时制订工作计划也可以让销售员对所要做的工作做到心中有数,遇到事情时不会乱了手脚,这样可以使他们在面对客户时更加自信,从而取得成功。

著名业务员乔·坎多尔弗说:“作为一名业务员,你必须为自己建立能够达到的实际目标。当你达到了这些目标,就把目标再提升一点,并再努力达到。如果你仅仅建立长期目标,而没有建立相应的中短期目标,则长期目标就会变得遥遥无期,甚至难以达到,从而使你泄气,只得撒手作罢。比之于为某些重要的但长远的目标进行艰苦卓绝的苦斗,我认为,一系列小小的胜利也极富有现实意义——运用这种方法,你就能达到长期目标。”

这是坎多尔弗成功的经验之谈,可见,目标对销售员来说是很重要的。销售员小张就非常善于运用布利斯定律,通过不断给自己设定目标,并向着目标的方向不断努力来完成销售任务,取得丰厚的回报的。

小张上班的当天,就和经理讲好了条件:自己独立开展业务,在完成公司规定的销售任务后,将酬金比例从60%提高到80%。经理很痛快地答应了他的要求,但是,要求他在两年内达到目标。几年之后他才知道经理制定的目标在公司其他人看来其实很难达到。他当时由于缺少经验,不知道实现这个目标的难度。但是,当一个人有了目标,并且有强烈的愿望实现这个目标时,奇迹就会出现。

从此小张开始勤奋地工作起来,每天早上五点上班,晚上八九点才下班,最初很不习惯,但时间长了就慢慢适应了,有时一天竟要工作二十个小时。

就这样,努力没有白费,每天他都感到自己前进了一步,生意越来越多。他做成了大批业务,公司其他人认为不可能的目标,现在变得越来越近。结果只用了七个月,他就完成了公司经理要求在两年内完成的任务!接着,小张又为自己定下了更高的目标。到了第三年,他的佣金已经增加了十倍!

如果没有目标的激励作用,小张是不会花这么短的时间就取得这么大的成功的。所以,布利斯定律对销售员的帮助是很大的。作为销售员,在你做销售之前,需要制定一个具体的销售目标,大至好几年的总体目标,小到每一个季度的销售额,再到具体的月销售目标。向着目标去努力,不断打破自己的销售纪录。

要实现自己的目标,还需要一份严格合理的计划来支撑它。Hase - Sehannen 研究机构的研究结果表明,制订计划将极大地提高目标实现的成功概率:制订计划的人的成功概率是从来不制订计划的人的3.5倍。在成功实现目标的人群中,事先制订计划者高达78%!如果没有计划,你的行动将是一团糟,工作也没有效率可言,自然不会成功。所以,一个好的计划是布利斯定律充分发挥作用的保证。

俗话说,磨刀不误砍柴工。销售员小赵的磨刀工作就是做计划。他把给客户打的电话记在卡片上,每周有四五十张。然后根据卡片的内容安排下次的话题,以及要写的信等。再排出日程表,列出周一到周五的工作顺序,包括每天要做的事。做计划又琐碎又枯燥,并且需要花费很长时间,因此,刚开始他总是做到一半就想放弃,但坚持一段时间后,他就发现这样做使得工作有条不紊,效率大大提高了。

这就是布利斯定律对销售员起到的惊人效果,所以销售员要运用好布利斯定律对一个人心理产生的魔力,制定好目标和计划,让它们时刻鼓舞着自己,调动起自己内心的热情,从而不断取得良好的业绩。

哈默定律：只要人有需求，就有销售存在

哈默定律是犹太人阿曼德·哈默提出的，说的是：天下没有坏买卖，只有蹩脚的买卖人。对于销售来说，不存在无法成交的客户，只有不懂得客户心理，没有掌握合适的销售方法的销售员。

其实只要客户有需求，就可以销售成功，即使表面上看起来客户没有需求，但我们也可以通过把握客户心理，来创造出客户的需求。

现代营销中，就有这样一个经典的故事——“把木梳卖给和尚”。

有三个业务员：甲、乙、丙。他们接受经理的考验——把梳子卖给和尚。

甲历尽千辛万苦也没有把梳子卖出去，最后他看见一个头上长癞的小和尚，于是就骗他梳子可以挠头上的痒，终于卖出去了一把。

乙知道和尚自己对梳子没有消费需求，但是可以通过其他渠道寻找和挖掘他们的购买需求。他见寺庙有很多人来上香，于是他就找到住持说，你看，这么多虔诚的善男信女来求佛，但是我发现他们不远千里来到这里，很多人的头发已经被风吹得不整齐了，如果你们购买我们的梳子放到寺庙里，这样求佛者就可以把自己的头发梳理整齐了，以表示对佛祖的尊敬。住持认为乙的提议很有道理，于是采购了10把，每个大殿内放一把。

丙首先对周围寺庙进行了详细的研究，然后挑了一个颇具盛名，香火极旺的深山宝刹。这里朝圣者如云，施主络绎不绝。他来到寺庙也是直接找到住持，然后向主持说，凡来进香朝拜者，多有一颗虔诚之心，宝刹应有所回赠，以做纪念，保佑其平安吉祥，鼓励其多做善事。我有一批木梳，你的书法超群，可先写上“积善梳”三个字，然后便可做赠品。住持大喜，立即买下1000把木梳，并请丙共同出席了首次赠送“积善梳”的仪式。得到“积善梳”的施主与香客，十分高兴，于是一传十，十传百，朝圣者更多，香火也更旺。这还不算完，好戏还在后头，丙希望住持再多卖一些不同档次的木梳，以便分层次地赠给各种类型的施主与香客。通过赋予其“吉祥梳”、“幸运梳”、“平安梳”的美名，把梳子塑造成寺庙的小礼品，赠给那些渴求吉祥、幸运、平安的游客和上香人，满足了游客和上香人的心理需求，这样，梳子销路大增，寺庙的香火钱也增加了不少。

从上面这个故事可以看出：同样的梳子，同样的市场和目标客户，销售员能否把握客户心理来创造市场需求，对销售结果的影响很大。

甲以一种静止的眼光来看待客户，以一种固有的思维来应对市场，尽管很努力，但是这是努力把客户不需要的东西卖给顾客，这种销售注定不会成功。

乙和丙在营销思维上要远远超越甲，虽然和尚不需要木梳，但如果从资源的角度来看，和尚的下游资源——香客和施主却需要木梳，所以借用下游资源来开发梳子的销路。在这点上，乙进行的是一般意义上的大客户营销。

丙在三个销售员当中是最成功的，他抓住香客求佛祈祷吉祥、幸运、平安的心理，挖掘到产品的文化价值，并利用方丈升级了产品档次，扩大了产品销量，并给自己的销路预留了管道，不断地扩大产品销售规模，帮助客户建立双赢，在文化内涵和品牌价值上做了延伸，结合市场的需要和消费者的心理做了更为精致的细分，从看似没有市场需求创造出符合市场需要的产品，自己也赚取了最大化的利润。丙的成功也充分证明了哈默定律。

所以，销售员在销售中遇到低谷时，不要怨天尤人，要从哈默定律中获得启示，反省自己在工作中哪个环节出现了问题，积极寻找更好的销售策略。要突破固有的思维定式，善于分析客户心理，创造市场需求，从而打开销路，并建立起长久的销售管道，使事业越做越大。

原一平定律：失败时要有百折不挠的毅力

在日本，原一平是一个声名显赫的人物，被称为“推销之神”，在他 36 岁时，就已经成为美国百万圆桌协会成员，与美国的“推销大王”乔·吉拉德共同闻名于世。

原一平 50 年的推销生涯并不是一帆风顺的，而是经历了种种失败与磨难，但原一平之所以能够最终成为日本保险业连续 15 年全国业绩第一的“推销之神”，取得了一般人都难以企及的成就，是因为他有着百折不挠的毅力。这也是原一平定律的最核心内容。

原一平一生的奋斗历程对销售员来说，无疑是一笔宝贵的财富，值得所有的推销人员学习与借鉴。

原一平小时候家境优越，这使得他像个标准的小太保，叛逆顽劣的个性让他恶名昭彰而无法立足于家乡。23 岁时，他离开长野到东京打天下。他的第一份工作就是做推销，但是碰上了一个骗子，卷走保证金和会费就跑了。初入社会就碰到如此之大的挫折，对从小衣食无忧的原一平来说是一个很大的打击，使得他一度陷入困境之中。然而原一平并没有因此失去斗志，反而变得更坚强。

原一平身高只有 1.45 米，被人称为是“矮冬瓜”。由于其貌不扬，他在 1930 年勉强进入了明治保险公司，当了一名“见习推销员”。没有办公桌，没有薪水，还常被老推销员当“听差”使唤。在推销保险的最初七个月里，没有一个人向他投保，当然他也就拿不到分文的薪水。为了省钱，他只好每天清晨 5 点起床徒步上班，不吃午饭，晚上睡在公园的长凳上。然而，这一切并没有打垮原一平。

为了取得成功，他整日奔波，拼命工作。他经常对着镜子里的自己大声喊：“全世界独一无二的原一平，有超人的毅力和旺盛的斗志，所有的落魄都是暂时的，我一定要成功，我一定会成功。”通过这种方式，原一平使自己时刻保持信心和热情，避免丝毫的松懈。

虽然身处困境，但他依旧精神抖擞。上班的路上，他不断微笑着和擦肩而过的行人打招呼。有一位绅士经常看到他这副快乐的样子，很受感染，便邀请他共进早餐。尽管他饿得要死，但还是委婉地拒绝了。当得知他是保险公司的推销员时，绅士便说：“既然你不赏脸和我吃顿饭，我就投你的保好吧！”他终于签下了生命中的第一张保单。更令他惊喜的是，那位绅士是一家大酒店的老板，帮他介绍了不少业务。

从这一天开始，原一平的命运否极泰来，他的工作业绩开始直线上升。到年底统计，他在 9 个月内共实现了 16.8 万日元的保费，远远超过了公司其他的同事。这次成功让原一平泪流满面，他对自己说：“原一平，你干得好，你这个不吃中午饭，不坐公车，住公园的穷小子，干得好！”

到 1936 年，原一平的推销业绩已经名列公司第一日本第二，但他并不因此而满足，他仍然狂热工作，根本不愿意停下来。他的太太埋怨他说：“以我们现在的储蓄已够终生享用，不愁吃穿，何必每日再这样劳累地工作呢？”原一平却不以为然地回答：“这不是有没有饭吃的问题，而是我心中有一团火在燃烧着，是这一团永不服输的火在身体内作怪的缘故。”

正是这一团永不服输的火焰时刻鼓舞着他不断努力，通过学习来充实自己，在付出了无数的艰辛和汗水之后，终于战胜了失败，到达了成功的彼岸。

为了不断地提升自己，原一平定期举行“原一平批评会”，听取大家对自己提出的意见，来检讨自我，改进自我，这一习惯保持了多年。

一次偶然的机会，原一平结识了吉田和尚，并被吉田和尚的教诲折服。从此之后，他坚持每星期去寺庙听吉田胜逞、伊藤道海法师讲禅，来提高自己的修养，反省自己，透视自己。

为了征服客户，赢得客户的信任，他对着镜子苦练微笑，并把微笑分为38种。曾经在对付一个极其顽固的客人时，他使用了30种微笑，他的微笑被人们誉为“价值百万美金的微笑”。

为了赢得一个大客户，他曾经在三年零八个月的时间里，登门拜访70次都扑空的情况下，凭着锲而不舍和不服输的精神，在拜访第71次时获得成功。

推销是一条孤寂而艰难的路，可能遭到的冷遇和失败都远远超过其他行业。然而，原一平正是靠着百折不挠的毅力才走过了这条荆棘路，创造了世界奇迹，成为世人所敬佩的“推销之神”。所以，销售员要想取得非凡的成绩，就必须像原一平一样，以百折不挠的毅力鼓舞着自己越挫越勇，通过不断地学习来弥补自己的不足，让自己在销售这条路上越走越远、越走越精彩。

斯通定律：把拒绝当做是一种享受

斯通定律是由美国“保险怪才”、成功学导师克里蒙特·斯通提出的，其内容是：态度决定结果，对于同样一件事，用不同的态度去对待，就可能有完全不同的结果。这条定律风靡全美，造就了许多百万富翁，被誉为“永不失败的成功心理学定律”。

在销售中，也可以利用斯通定律来指导我们如何与客户相处。我们都知道，在销售中，遭到客户的拒绝是很正常的事。美国营销专家的研究表明，销售人员每达成一次交易，至少要受到客户六次拒绝。在面对拒绝时，销售员的态度决定了这次交易最后能否成功。如果销售员能以积极的态度来面对拒绝，从容不迫、气度非凡，把这次拒绝看成是距离成功又近了一步，那么，遭受拒绝就不再是一件令人痛苦的事。我们可以在拒绝中寻找扭转败局的契机，促使成功的到来。当我们凭借着积极的态度、良好的心理素质一次次地战胜拒绝，迎来源源不断的成功时，我们就会发现拒绝原来也可以是一种享受。

有一位态度很积极的推销员，当客户拒绝他时，他并没有垂头丧气，当他站起来，准备告别时，向客户深深地鞠了一躬，说：“谢谢您，您让我向成功又迈进了一步。”

客户觉得很意外，心想：我把他拒绝得那么干脆，他怎么还要谢我呢？好奇心驱使他问推销员：“为什么你被我拒绝了还要说谢谢？”

那位推销员一本正经地说：“我的主管告诉我，当我遭到40个人的拒绝时，下一个就会成交了。您是拒绝我的第39个人，再多一个，我就成功了。所以，我当然要谢谢您。您给了我一次机会，帮我加快了迈向成功的步伐。”

那位客户很欣赏推销员积极乐观的心态，就决定购买其产品，还给他介绍了好几位客户。

案例中的这位推销员之所以能够取得成功，就在于他以一种积极的心态来面对客户的拒绝。他知道要想成功就必须经历无数次的失败，因此做好了遭受拒绝的心理准备，所以当拒绝来临时不仅没有表现出失落的情绪，反而感谢客户加快了他成功的步伐，正是他的这种积极乐观的人生态度及对成功的信心打动了客户。

所以，当我们面对客户的拒绝时，一定要保持积极的心态，以积极的态度征服客户的心，然后再以退为进，来进一步争取成功。当客户发出拒绝的信号时，我们可以按照以下方法来做：

首先，把打开的产品介绍资料收拾好。这时候动作一定要缓慢，因为我们已经接受了客户的拒绝，顺从了他的意志，所以大多数客户不会催我们。我们可以一边收拾，一边轻声叹息：“太遗憾了，这么好的东西（方案），您不要……”显示你对商品（方案）的强烈信心，对对方未能拥有商品（方案）表示惋惜。

其次，再把收拾好的资料、放进包中，继续说：“现在不要，以后可能就没有机会了；现在不马上决定，真是太可惜了……”这时候的语速可以稍微加快，声音也稍稍提高，又一次表达我们对商品的信心的同时，给客户制造一种紧迫感，进行一次强力促成。

如果对方仍无动于衷，就把包放到左手边，趁对方略微放松的一瞬间，突然换一个角度，说："我给您讲一个故事吧……"讲述一个简短而感人的故事，再进行一次情感推销。

若是还不见效，就要真的中止商谈了。把笔插进口袋，站起身，向对方伸出右手（如果你在别人的地盘上，这时候左手拎起公文包），微笑着说："跟您交谈，真是一件愉快的事情。下次我们再好好谈一谈，弥补这次的遗憾。"充分显示你并没有把商谈的成败得失放在心上，而是喜欢和对方这个"人"打交道。同时，又争取到了下次面谈的机会。有些高手甚至能做到当场敲定下次面谈的时间。

握手告别后，如果我们在别人的地盘上，需要离开商谈场所，转身的动作要干脆利落，与前面的慢声细语形成鲜明的对照，给人留下深刻的印象。转身后别忘记挺胸抬头，给对方留下一个好的背影，千万不能垂头丧气，把失败都表现在行为举止上。这样，客户会为我们的气度与信心折服，从中可以看出我们是一个成熟的推销员，对我们增添了几分好感，这样就为下次推销成功奠定了基础。

总之，客户的拒绝并不可怕，只要我们认识到斯通定律的重要作用，始终保持积极的态度，那么我们就可以战胜内心对拒绝的恐惧，同时使客户被我们积极乐观的心态所感染。之后我们再进一步寻找销售的机会，不轻易放弃，相信我们是有可能将客户的心理从拒绝转为接受的。

第三章

卖货其实就是卖『心』——购买之前，客户需要一千个消费理由

同一种产品或服务有成百上千家提供者，为什么客户偏偏要购买我们的产品呢？在我们要把产品销售给客户之前，必须给他一个消费理由。那么这个理由是什么呢？是产品的质量好、服务到位吗？在同类产品或服务的竞争者中不乏比我们质量更上乘、服务更周到的。是我们的价格低吗？如果我们想打价格战，其他竞争者也可奉陪到底。其实，真正吸引客户的不仅仅是质量和价格，更重要的是我们在销售过程中的某一点打动了客户的心，只有打动客户的心，客户才会对我们忠实，所以卖货其实就是卖“心”。

记住,嫌货才是买货人

“嫌货才是买货人”是一句台湾俚语,意思是说,嫌货品不好的人才是真正的内行,才是对我们的产品有购买意愿的人。

顾客之所以“嫌弃”你的货物,不正是说明他对我们的产品产生兴趣了吗?顾客有了兴趣,才会认真地加以思考,思考必然会提出更多的异议。因此,如果顾客开始对我们的货品表示异议时,就表明他在心里已经动了购买的念头了。如果一个顾客对我们的产品一点挑剔都没有,那么这个顾客就很可能没有购买的欲望。

比如,我们向一个工薪家庭推销一种豪华型轿车,我们口若悬河,大谈什么节能环保,顾客是不可能对你有什么异议的,因为他那点工资收入根本买不起你的豪华轿车。但我们要向他推销一款皮鞋,也许他还会跟我们说:“这个皮鞋款式有点老,皮子也不是很好……”实际上,这个顾客此时已经有些心动了,他的话已经无意间告诉销售员“我很有兴趣买一双”。即使现在不买,以后也很有可能会买。

美国著名推销大师汤姆·霍普金斯把顾客的异议比作金子:“一旦遇到异议,成功的销售员会意识到,他已经到达了金矿;当他开始听到不同意见时,他就是在挖金子了;只有得不到任何不同意见时,他才真正感到担忧,因为没有异议的人一般不会认真地考虑购买。”

所以,遇到挑三拣四的顾客,销售人员不能轻易地否定顾客的购买欲望,恰恰相反,我们要理解顾客嫌货的心理,对异议表示欢迎,对自己的货物有信心,跟顾客诚恳地讲解产品的优势,不怕人嫌,不怕比较,在顾客的异议中寻找销售的契机,完成交易。

刘先生就曾遇到这样一位难缠的顾客。“你的水果也不怎么样啊,一斤也是三块钱吗?”这个顾客拿着一个水果仔细端详起来。

“呵呵,您放心,我的水果不能说是这一片最好的,但绝对不次,您可以和别家的比较比较。”刘先生满脸堆笑,不紧不慢地说。顾客说:“太贵了,两块钱卖不卖?”

刘先生还是笑眯眯地回答:“我要是一斤卖你两块钱,对刚买我水果的人不好交代吧？何况都是这个价钱，不能再低了。”

不管顾客是什么态度，刘先生一直保持着微笑。虽然这个顾客嚷嚷着太贵，但最后还是以一斤三块钱买了。

“嫌货才是买货人啊。”刘先生感慨地说。

从刘先生卖水果的过程中我们可以看出“嫌货才是买货人”，只有那些嫌货色不好的人才是真心想买我们产品的顾客。刘先生能够做到完全不在乎顾客批评自己的水果，一点也不生气，始终面带微笑为顾客服务，这不只是说明刘先生有修养，更重要的是他具备对顾客心理的深刻洞察力。

在推销的任何阶段，客户都有可能对我们的产品的任何方面提出异议。销售人员要时时刻刻做好这种心理准备，对客户的异议不能轻视，更不能心存芥蒂。事实上，销售的过程就是不断地解决顾客提出的异议直至达成交易的过程。不嫌我们货的人，往往是走马观花的看客，他们是不会把精力浪费在你身上的。所以销售员要像刘先生一样，看透顾客嫌货的心理。

让客户知道除了他之外还有谁买过

古语有云：枪打出头鸟。所以，很多人不敢尝试新鲜的事物，不敢做我们的产品的第一个顾客。尤其是对产品不是很了解，缺乏相关的购买经验，面临较大购买风险时，尽管销售员一再向客户保证产品的质量及它能够带来的利益，客户仍然不敢做“第一个吃螃蟹的人”他们不愿意承担“被螃蟹夹伤”的疼痛，不愿意成为产品的“实验者”。

如果销售员不能打消客户这种担忧心理，客户心里就会竖起一道我们无法逾越的城墙，销售工作就难以继续下去了。要想解决这个问题，就要让客户知道除了自己之外，还有谁买过该产品，不要让客户做尝鲜者。所以在销售过程中，推销员可以借助第三方的力量来给你的产品作证，这样客户的怀疑、担忧心理就会减弱，签单也就更容易一些。

1. 提一提彼此都熟悉的人

如果在拜访客户的时候，提一提你们都认识的人，说这次拜访是通过熟人介绍来的，或者提一下客户的朋友、亲戚，可以更容易打通这一关。因为客户在一般的情况下都会不看僧面看佛面,借助第三方面子,可以消除客户的戒备。

有一个销售人员在销售他的电话系统时,这样对客户说:"××先生,您好,我叫李林,我是CCI推销公司的员工。我受上海××公司王经理的委托,特意打电话给您,因为我确定我今天给您介绍的东西是了不起的东西,它可以为您带来极大的方便……"

某电脑销售员对客户说:"××公司经理建议我跟您谈一谈关于更换一批新电脑的计划。我想了解您目前使用的电脑系统……"

某图书公司推销员对客户说:"主任,你认识某县商业局的教育科长老李吗?他刚从我这里买去500本书,我想你们县物资局跟他们那儿情况差不多,也迫切需要有关市场经营与企业管理方面的书籍……"

向客户提一下他认识或熟悉的人物,不仅可以拉近和客户的距离,也让自己有了一个"靠山",为销售工作省下不少的力气。

2. 提一下客户行业的知名公司

向客户提一下自己以前的一些客户,不仅可以借助这些知名公司的名望,还可以证实自己公司的实力是不容小视的。例如:

"刘总,您好,我们已经非常成功地将XYZ公司的营销人员培训成为电话营销的高手,不知道您是否也想让公司的销售人员都成为销售精英,使公司的销售额倍增?"

"您好,唐总。我是王燕,是安达公司的培训顾问。我们是国内唯一一家专做银行业务代表培训的专业公司。我们最近为ABC银行做了为期三周的业务人员电话技巧培训……"

3. 提一下客户所崇拜的公众名人

小林是一位经验丰富的推销员,他总是带着有很多客户亲笔签名的单子。在拜访客户的时候,他经常会把这些单子放在客户面前。

"我很为我们的客户感到骄傲,"他说,"您知道××公司的董事长吗?"

"哦,知道,很出名!"

"他是我们的顾客,我这里有他和我们公司合作过的单子。那你肯定也听说过×××吧,他可是影、视、歌三栖的大明星!我还知道您是他的忠实影迷呢,他也是我们的客户。"

他兴致勃勃地谈论着这些名字,然后说:"他们都是受益于我们产品的顾客……我想您应该相信他们的判断力，我希望您的名字能同他们的写在一起。”

利用这些名人的公众效应，让客户认为“连这些名人都使用他们公司的产品，可见产品应该是不错的……”不过，销售员在运用这个方法的时候一定要揣摩好客户的喜好，如果说的名人刚好是客户所不喜欢的，那就弄巧成拙了。

不许偷看他偏看，你不卖他偏要

在与人交往的过程中，我们会发现有时对方总是反对我们的见解，并且愿意跟我们较真。其实这是人的一种逆反心理的表现。逆反心理是人类的本能抵抗意识，并非故意伤害对方；逆反心理还跟人的自我表现欲望有关，通过反对我们的意见，表明他比我们的见解更高一筹。

不同年龄、不同性别、不同身份地位的人都会有逆反心理，客户也不例外。在我们销售的过程中，客户的逆反心理会更强烈地表现出来，他对我们怀着本能的防范心理，表现在谈话过程中就是不停地反对我们，我们说好，他偏说不好，我们越让他买他越不买。这时销售员要意识到，这不是客户故意和我们作对，实际上这是客户潜意识中抵抗的本能，大多数时候都没有恶意。所以销售员在面对客户在逆反心理驱使下说出来的话时，可以一笑置之，千万不要反击客户，否则其逆反心理会更加严重，很有可能会让客户跟我们形成势不两立的局面，这样不但无法达成交易，反而会给客户留下不好的印象。

所以，面对客户的逆反心理我们不能蛮干，既然客户不想看我们的产品，那我们就不必让他们看了；既然客户不想买我们的产品，那么我们就不要卖了。说不定这样会收到意想不到的效果。

泰国首都曼谷有家酒吧，虽然酒很好，但是顾客很少，冷冷清清的。为了改变这种局面，老板想出了一个主意，他让人在门口放上一只大酒桶，桶壁上写着四个醒目的大字：“不准偷看！”过路的行人觉得很有趣，纷纷跑过去看个究竟。他们把头探进桶里，一股清醇芳香的酒味扑鼻而来，酒桶底部隐约可见“本店美酒与众不同，请享用”的字样。不少人被美酒勾起了酒瘾，忍不住进店喝上几杯。就这样，这家酒吧的生意做得越来越红火。

这家酒吧不让顾客偷看酒桶,顾客反而抢着来看,想探个究竟。酒吧老板就是利用顾客的这种逆反心理来刺激他们的兴趣,使越来越多的人了解到了酒的卓越品质,从而来光顾这家酒吧。

张先生的车子已经很旧了,快不能用了。许多销售员得知情况后纷纷来推销汽车,使他感到很不耐烦,造成他很严重的防御心理,只要推销员一上门,他就会想:“这些家伙又来了,我绝不会上他的当。”

这些销售员为了推销他们的汽车,不是说:“你这部车早已破旧不堪,实在有失你的身份。”就是说:“你已经换过太多的零件,还不如用这些费用购买一部新车更划算。”听了这些话老张心中很不舒服,心想如果再来一个强行向他推销汽车的,他就把他赶出去。

某日又来了一名汽车销售员,可是这个销售员却与众不同,他一看见老张的汽车便说:

“你这部车起码还可以再用上一年半载的,现在就换车的话也太可惜了,我看还是过一阵子再说吧!”

说着便递了张名片给他,离去了。

听他这么一说,老张的抵触心理消失了大半。不久,他就给那个销售员打了电话,在他那里买了一辆车。

这位销售员不建议老张买车,老张反倒自愿地买了一辆车。这是因为他很了解老张的心理,所以他采取与其他销售员相反的做法,出奇制胜。这样就消除了老张对销售员的抗拒情绪,同时引起了老张“你不卖我偏买”的逆反心理。

上述这两个案例充分利用了客户的逆反心理来使销售获得成功,可见,客户的逆反心理对销售员来说并不完全是阻碍,有时候反倒是我们成功的契机。所以,在销售时,我们可以转换思维,分析客户的逆反心理,为我所用。

激发客户的好奇心,客户喜欢打破沙锅问到底

好奇心是人的天性,人人都有好奇心理,在销售活动中,销售员就可以利用客户的这种好奇心理,使他对自己的产品产生兴趣,然后再进一步引导,从而达到销售的目的。

有些销售员花费了大量的时间四处拜访客户，不厌其烦地来向客户反复陈述关于自己的公司和产品的特征以及能给客户带来的利益，却很少想过要努力激起客户的好奇心，使他们主动来了解产品。这样，销售员一味主动灌输，而客户始终处于被动接受信息的状态，等到客户在了解了基本情况后，就会认为我们的产品和公司也不过如此。销售员没有用好奇心引导客户一步步跟着他的思路走，客户也就没有了全面了解产品及与销售员进一步见面的热情，也就不会有购买产品的动力了。

那么作为销售员怎样做才能通过激发客户的好奇心来提高销量呢？

1. 将产品的卖点神秘化

在东北曾有一个小酒厂，经营两年多，由于打不开市场面临着倒闭，只剩下老板一人骑辆破单车，给饭馆和食杂店送酒。

由于价格偏高，一般老百姓喝不起，高消费人群又嫌这酒没有名气。老板准备把厂子关掉。有一天，一饭馆老板说："能不能让我尝尝你的酒，看你那么辛苦，怎么你的酒就是卖不出去呢？"

酒厂老板当时打开一瓶，给临近的几桌都倒上，没想到这酒芳香扑鼻。这时从包厢出来一位客人，问："什么酒这么香，给我们里边来两瓶。"不一会整个饭馆都是这酒的香味。

饭馆老板说："你剩下的几箱我都要了，给你出个主意，每家饭馆你都送上两瓶，写上此酒喝一口香三里，不香不要钱。"这样，饭店里的顾客都感到好奇：什么酒能够香三里？于是都来品尝。结果，这个酒两个月就成了当地的名酒。

饭馆老板的主意就是把酒的卖点——"醇香"神秘化，让客户产生好奇心，从而引起客户品尝的欲望，这样美酒就有机会得到顾客的了解了，销路自然就打开了。

2. 制造悬念引起好奇心

广东一房产公司开发的楼盘就是卖不出去，有一策划公司出主意，在报纸上打广告，一整版只打了六个字：寻找"空中花园"。报纸一刊登，很多人产生了疑惑和好奇："空中花园"是什么？为什么要寻找它？

过了几天，报纸上又登了一整版：有人发现了"空中花园"！这更给读者留下了巨大的悬念。有不少人打电话到报社询问："空中花园"是什么？又过了几天报纸才将谜团揭晓："空中花园"是你安在广州的家！

这时人们才恍然大悟，原来“空中花园”是一个新建的小区。很快房子就都卖出去了。

房产公司利用好奇心来做广告，让人们对小区产生了兴趣，从而取得了成功。

3. **只提供部分信息**

普通销售员总是设法满足客户的好奇心，而销售高手则努力激发客户的好奇心。如果我们希望顾客和潜在客户想要主动了解更多信息，那么不要一开始就把所有信息都告诉他们，一定要有所保留。

销售员：“客户先生，我们的工程师前几天对您的系统进行了一系列测试，他认为其中存在着严重的问题。”

客户：“什么问题？”

如果有人告诉我们将要面临严重的问题，我们不会感到好奇？当然会！我们一定想知道更多有关情况。一旦客户的注意力集中到我们的身上，我们就可以继续通过询问有关问题来逐步引导销售程序地展开了。

销售员：“通过研究系统结构，我们发现其中的一个服务器可能会损坏数据。不过好在还有解决的办法。你能不能把有关人员集中起来，以便我们公开展示一下问题出在什么地方，同时解释可供选择的解决方案？”

只提供部分信息在销售的后续阶段也是非常有效的策略，因为好奇心会推动客户参加销售陈述，并使有关决策人坐到谈判桌前和你讨论购买的细节问题。如果你希望很快成交，可以试试这么说：

销售员：“几周前我们为您即将执行的计划提交了一份议案，如果我们的管理层愿意给您提供特殊的待遇，我们可否坐下来讨论一下详细的购买事宜？”

一般来说，大多数客户都会答应，因为他们对你所说的“特殊待遇”感到好奇。到这一步，我们的销售就快接近成功了。

4. **显露价值的冰山一角**

激发客户好奇心的另一个方式就是显露价值的冰山一角，这也是一个很有效果的策略。因为在客户面前晃来晃去的价值就像是诱饵一样使他们想要获得更多的信息。如果客户想了解整个冰山就会主动开口询问，邀请我们进一步讨论他们的需求和你所能提供的解决方案。比如，销售员可以这样引导客户：

销售员："如果我们的产品能帮助你提高产量40%，你有兴趣看一次具体的演示吗？"

"稍微改进一下，你就可以极大提高投资回报率。你希望我详细说明一下吗？"

"有顾客通过调整维护系统节省了大量开支，您也想像他一样为公司节约成本吗？"

谁不想知道如何省钱、提高产量或投资回报率的方法呢？随便问上述哪个问题，客户都很自然地想要了解更多情况，这样就把客户的积极性给调动起来了。

给予客户一个购买产品的身份

在第二次世界大战期间，美国由于兵力不足，急需一批军人。于是，美国政府就决定组织关在监狱里的犯人上前线战斗。为此，美国政府特派了几个心理学专家对犯人进行战前的训练和动员，并随他们一起到前线作战。

训练期间心理学专家们对他们并不过多地进行说教，而特别强调犯人们每周给自己最亲的人写一封信。信的内容由心理学家统一拟定，叙述的是犯人在狱中的表现是如何地好、如何改过自新等。专家们要求犯人们认真抄写后寄给自己最亲爱的人。三个月后，犯人们开赴前线，专家们要犯人给亲人的信中写自己是如何地服从指挥、如何地勇敢等。结果，这批犯人在战场上的表现比起正规军来毫不逊色，他们在战斗中正如他们信中所说的那样服从指挥、勇敢拼搏。后来，心理学家就把这一现象称为"贴标签效应"，心理学上也叫暗示效应。

犯人在内心深处其实也是希望得到别人的认可的，尤其在亲人面前。心理学家通过让犯人在书信中写下对自己正面的评价，给他们创造一个好的形象与身份，从而满足了他们的荣誉感。通过这种心理暗示和引导，时间长了，犯人们就会自主地按照信中所说的那样去努力，结果真的变得跟信中所说的一样了。这个心理学效应也可以运用于销售中，"身份"层次决定行为层次，人们都会做一些与自己身份相符的行为。所以在销售中，你想让一个人购买你的产品，不妨先给他一个购买你的产品的身份，给他贴上一个适当抬高他的标签。只要他认可了这个身份，自然会购买我们的产品。

在商场中，我们经常能见到这样的交易情景：

小张带着他的女朋友小芳去购物，小芳看上了一套衣服，小张一看标价，2800 元，觉得太贵了，可是看到女朋友渴望的眼神，只好跟销售员杀价了。

小张：“这套衣服太贵了，能不能便宜点？”

销售员甲：“不贵！这可是意大利名牌，又是今年的最新款，我们卖得是最便宜的了！有心买我给你打个九五折。”

小张：“六折！”

销售员甲：“不可能！哪有那么便宜，我进货都进不了，如果有那么便宜，你卖给我好了。这样吧，看你有心，给你最低价，九折！”

小张：“九折太贵了，最多七折，卖不卖？”

…………

这样的销售，能成交吗？我们再来看看销售员乙是怎么做的：

小张：“这套衣服太贵了，能不能便宜点？”

销售员乙：“是的，这套衣服确实有点贵（与顾客站在同一立场，这叫‘先跟后带’），像这么名贵的衣服只适合一些高雅的女士穿，你女朋友这么漂亮，穿起这套衣服一定很好看，先穿上试试。（给顾客一个购买的身份，同时引导顾客体验拥有的感觉）”

（当小芳试穿上衣服时）

销售员乙：“你看，多好看！（对小芳说，其实是说给小张听）你真幸福，有这么好的男朋友，我在这个店工作已经三年了，以我的经验，只有那些很爱他女朋友的男孩子才舍得买这么名贵的衣服给他女朋友的。好羡慕你啊！（再给小张一个身份，同时用假设成交的语言促成）”

小张和小芳听了销售员乙的话觉得很开心，人家如此抬高自己，此时如果不买的话会觉得很难为情，所以一狠心，小张就把这件衣服买了下来。

甲与乙有什么不同呢？很简单，乙之所以能销售成功，是因为她善于抓住客户的心理来推销。小芳是女孩子，喜欢别人夸她美丽高雅，乙便投其所好，说这衣服只有美丽高雅的人才适合穿，在小芳试穿后又说她穿起来非常好看，言下之意就是在说小芳是个美丽高雅的女士，如果不买这套衣服便可惜了。不仅如此，乙还给作为男朋友的小张一个很爱女朋友的身份，这样，如果小张不买的话就表示他不爱女朋友了，为了证明自己的爱心，再贵的衣服小张也都会买下的。

销售员乙可以说是一个深明客户心理的销售高手，我们可以向她学习这种策略，在销售过程中，不妨给客户塑造一个高一点的身份，这样既暗示了我们产品的优质和高级，又让客户感觉购买我们的产品会很有面子。

比如，我们可以这样对客户说："先生，您大概不知道吧，我们的商品，并不是随随便便地对任何人都进行销售，这关系到我们公司的荣誉！"

当我们说出这一段话时，相信会激起客户的兴趣和好奇心，这时我们再接着说："我们公司服务的对象只是些特殊的客户，而且对客户和服务项目都要经过严密的核查和选择。这一情况，相信大家都有所耳闻。"

或者说："在选择客户的时候，通常我们公司都会有一定的标准，只有达到这个标准，才有可能成为我们的客户，而且能符合这种条件的客户不是很多。我想，像您这样的有见识的人一定能够理解我话中的含义，是吧！"

这样说之后，如果客户动心了，表现出想了解的兴趣，我们再对客户谈及一点生意上的事情，客户很可能就会同意你的意见，并表示出想买的意愿，而这时你仍应装出一种满不在乎的神态。等到时机成熟，你再热诚地为客户服务。

总之，能够运用好"贴标签效应"，抬高客户的身份，从而使他们的心理得到满足，这对我们的销售能够起到很大的促进作用。但是，我们要注意把握好尺度，不要太过倨傲，以免给客户造成一种我们瞧不起人的感觉。

羊群效应：主动一点，制造火爆的销售行情

羊群是一种很散乱的组织，它们在平时会盲目地左冲右撞，但是一旦有一只头羊发现草场而行动起来，其他的羊也会不假思索地一哄而上，全然不考虑旁边有狼的可能性或不远处是否有更好的草。这种现象被心理学家称之为"羊群效应"，简单地说，就是头羊往哪里走，后面的羊就跟着往哪里走。"羊群效应"也可以称之为"羊群心态"，其实就是一种从众心理。

有一则幽默向我们展示了从众心理的作用之大：一位石油大亨到天堂去参加石油会议，由于参会者人数众多，所以他赶到时已经没有座位了。于是他灵机一动,喊了一声:"地狱里发现石油了!"这一喊不要紧,天堂里的其他石油大亨们纷纷向地狱跑去,很快,天堂里就只剩下他自己了。这时,这位大亨心想,大家都跑了过去,莫非地狱里真的发现石油了?于是,他也急匆匆地向地狱跑去。

其实,凑热闹和随波逐流是人性的特点,在百货公司或超级市场,人们要是看到别人成群结队、争先恐后地抢购某种商品,也一定会毫不犹豫地加入抢购者的行列。这些顾客并非真的需要这些产品,这些产品也未必物美价廉,主要就是由于这种"羊群心态"造成顾客盲从的行为;并且顾客会觉得这么多人的选择一定不会错,所以也对产品产生了信赖感。

所以在销售过程中,销售员可以利用人们的这种心理,制造热闹行情,来吸引顾客。比如,推销员最习惯对顾客说的话就是"大家都买了这个东西",或"隔壁和对面的太太都各买了一打"。事实上,"大家"是否真的都买了,是不可验证的,也是不重要的,对顾客来说,你只要讲"大家"这两个字,就可以打动他们的心。

日本"尿布大王"多川博就是利用人们的这种从众心理来打开销售市场的。

在多川博创业之初,他创办的是一个生产销售雨衣、游泳帽、防雨斗篷、卫生带、尿布等日用橡胶制品的综合性企业。但是由于公司泛泛经营,没有特色,销量很不稳定,曾一度面临倒闭的困境。在一个偶然的机会,多川博从一份人口普查表中发现,日本每年出生约250万婴儿,如果每个婴儿用两条尿布,一年就需要500万条。于是,他们决定放弃尿布以外的产品,实行尿布专业化生产。

尿布生产出来了,而且是采用新科技、新材料,质量上乘;公司花了大量的精力去宣传产品的优点,希望引起市场的轰动,但是在试卖之初,基本上无人问津,生意十分冷清,几乎到了无法继续经营的地步。多川博万分焦急,经过苦思冥想,他终于想出了一个好办法。他让自己的员工假扮成客户,排成长队来购买自己的尿布,一时间,公司店面门庭若市,几排长长的队伍引起了行人的好奇:"这里在卖什么?""什么商品这么畅销,吸引这么多人?"如此,也就营造了一种尿布旺销的热闹氛围,于是吸引了很多"从众型"的买主。随着产品不断销售,人们逐步认可了这种尿布,买尿布的人越来越多。后来,多川博公司生产的尿布还出口他国,在世界各地都畅销开来。

在销售过程中，利用顾客的从众心理来促成交易可以减轻顾客对风险的担心，尤其是新顾客，大家都买了，我也买，可以增强顾客的信心。销售人员利用此法促成订单，往往较为容易。但是，销售人员在利用客户的从众心理时，也要注意以下几个问题，以保证取得良好的效果。

1. 所举案例必须实事求是

在销售过程中，销售人员要想引导客户的“从众”心理，所举的案例一定要是事实，既不要用谎言编造曾经购买的客户，也不要夸大那些老客户的购买数量。否则，如果销售人员列举的案例不真实，就很可能被揭穿，永远失去成交的机会，而且还会让客户产生被欺骗和愚弄的感觉。这种感觉不仅会严重影响客户对销售人员及公司的印象，而且还有可能影响到其他更多的客户，时间长了，企业和销售员的声誉都会受损。因此，销售人员必须实事求是地去引导和说服客户，否则就是自砸招牌。

2. 利用从众心理的前提是要保证产品质量

好的产品质量是利用客户从众心理的前提。例如，多川博企业生产的尿布的畅销充分利用了客户的从众心理使销路大开，但是，必须要具备一个前提，那就是尿布的质量要好，只有这样，客户购买后才能真正认可这种产品，才能继续来购买，因此销售最终还是要以质量赢得客户的，而利用其心理效应只是一个吸引客户的手段。如果客户购买产品后发现质量不过关，那么他是不会再上第二次当的。

3. 尽量列举具有说服力的老客户

客户虽然有从众心理，但是如果销售人员列举的成功例子不具有足够的说服力，那么客户也是不会为之所动的。所以，销售员要尽可能选择那些客户熟悉的、比较具有权威性的、对客户影响较大的老客户作为列举对象。否则，客户的从众心理很难被激发出来。

例如，销售员可以这样说：“国内许多知名品牌的电器设备公司都是从我们公司购买这些小配件的，比如××集团……另外，一些著名大型家电超市和商场，也由我们长期供货。比如，市销售量最大的××超市，被称为质量最安全的××商场……”客户在听了销售员的这番话后，肯定会想：“连××集团这样具有知名度的企业都在他这里采购，那我也就放心了。”这样客户就会很容易签下订单。

4. 这种方法不适合太有个性的客户

现代社会是一个崇尚个性化的社会,人们在从众的同时,也存在一股“叛逆”心理。在销售过程中,销售人员也会发现有些有个性的客户对从众不屑一顾,喜欢追求与众不同。因此,销售人员发现客户是很有个性的人时,就不要轻易使用此法,因为这样做很容易引起客户的逆反心理。

给顾客制造一种很可能买不到的紧张气氛

人都有占有欲,当我们得不到一样东西的时候这种欲望就开始作祟,总把得不到的事物想象得非常的完美,即使心里几百几千遍地告诉自己没有十全十美的事物,可是仍然会觉得得不到的东西比到手的东西要好。于是,越是得不到的东西在心里就变得越珍贵,恨不得马上就拥有它。

顾客在购买商品时也是一样。有时越不容易得到的东西,顾客越想得到。如果销售员能利用好顾客的这种心理,让顾客知道这种产品是稀缺的,给顾客制造一种很可能买不到的紧张气氛,让他对你所推销的商品产生一种占有欲,然后你再跟他说,现在有货了,这种商品可以买得到了,此时顾客心里必然很庆幸,所以就会欣然买下你的商品。

下面案例中的这个业务员就是利用客户的这种心理,成功地把房子卖出去的。

某业务员正在推销甲、乙两座房子,而此时他想卖出甲房子,因此他在跟顾客交谈时这样说:

“您看这两座房子怎么样? 现在甲房子已经在前两天被人看中了,要我替他留着,因此您还是看看乙房子吧! 其实它也不错。”顾客当然两座房子都要看,而业务员的话在顾客心中留下深刻的印象,产生了一种“甲房子已经被人订购,肯定不错”的感觉,这样,他就产生了乙房子不如甲房子的感觉,最后他带着几分遗憾走了。

过了几天,业务员找到这位客户,高兴地告诉他:“您真是很幸运,正巧订购甲房子的顾客把房子退回来了,他说家人太多,觉得房子有点小,想另找一座再大点的房子,我那天看您对甲房子有意便特地给您留下来了,您现在可以买到甲房子了。”

听到这，那位顾客当然也很庆幸自己能有机会买到甲房子，现在自己想要的东西送上门来了，此时不买，更待何时，因此，业务员很快就把甲房子卖出去了。

在这个例子中，销售员稳稳地掌握住顾客的心理，通过把顾客的注意力吸引到甲房子上，然后又告诉他甲房子已被订购，让他感到很遗憾，刺激他对甲房子更强的占有欲，接着制造意外，给予对方购买房子的机会，最后很轻松地就让顾客高高兴兴地买下了甲房子。这个案例告诉我们，在销售中，销售员如果能够把握并善于利用客户心理将会起到事半功倍的效果。对待客户时，如果顺着不行，可以逆着试试看。

在销售中巧用“认知对比原理”

在一堂销售培训课上，营销专家给学员提出了这样一个问题：

一位女士走进了珠宝店，她想买一枚高档钻戒和一个小饰品。假如你是一位销售员，你会让她先看哪一种商品，是钻戒还是小饰品？先看哪个才能让这位女士花更多的钱呢？

大多数学员都回答说：“肯定是那个小物件了，从价格便宜的东西入手会容易一些。”然而，营销专家却认为：要先把售价高的钻戒卖给她。这个答案出乎学员们的意料。

我们大多数人都认为，如果一个人刚刚花了很多钱买钻戒，很可能不愿意再花钱了，不会再考虑买小饰品。但是经验丰富的营销专家却认为：500元的小饰品在饰品中虽然算是价格高的，但是，如果顾客刚刚花了5000元买钻戒，那么这个500元的“高价”小饰品对顾客来说就显得微不足道了。其实，这就是“认知对比原理”的应用。

认知对比原理影响我们对先后接触到的两件东西之间差别的判断。简单来说，如果两件东西给我们的感觉差别很大，那么我们由于在潜意识中对二者形成了强烈的对比，就会认为二者的差别要比实际的差别大得多。比如，如果我们在放下一件重的东西之后再提起一件轻一些的事物，就会觉得这件轻的事物比单独去拿时还要轻。

认知对比原理是这样产生的：心理学家洛伦兹与廷伯格在观察动物行

为时偶然发现:动物行为普遍存在“特定刺激必然引起一系列固定反应”的现象。并且他们发现,人类也同样如此。经过特定的刺激,人的心理也会产生“一系列固定反应”。这两位心理学家认为,人类一些固定的认知模式之所以发生就是因为那些“特殊性质的刺激”。

就像上面所说的销售珠宝一样,通过商品推荐顺序的调整而产生的价格落差这种“特殊性质的刺激”,让消费者在潜意识中产生强烈对比,从而在认知上出现偏差,以激活顾客的购买欲望。

认知对比原理在销售中运用得非常广泛,而且效果也非常好。比如销售服装,销售员通常会先给顾客看价格高的那一种,比如如果他首先买了495 元套装的话,那么一件 95 块钱的毛衣就显得没有那么贵了。同样的道理可以用在一个给自己的新套装买附件(衬衫,鞋子,皮带)的人身上。即使这个人只是想买一件套装。但如果他在买套装之后而不是之前买附件的话,那么他就会花更多的钱在附件上。

比如,如果顾客已经花了几百元买一件衣服以后,再买一双名牌袜子是绝对不会“手软”的。但如果是放在平时,可能还会犹豫一下,一双袜子十几块钱是不是有点贵呢?如果让你先买一双贵袜子,再去买一件贵衣服,我们就会感觉东西的价格在上涨,往往就舍不得花大价钱再去买东西了。

汽车经销商也经常在等到一辆新车的价格谈妥了以后,再开始提议一项又一项顾客可以选择加到新车上去的附加设备。与花几十万元买一辆车相比,再花几百块钱买个像立体声收音机之类的附加设备实在不算什么。这里还要注意到,这些附加设备要一样一样地分别提出来,这样每一样东西的相对便宜的价钱与顾客已经决定要花的大笔的钱比起来才会显得微不足道。

房产公司有时候也会保留一两套很破但价格很高的房子,先让顾客参观这些连销售人员自己都感觉“不值”的样板房,然后再带顾客去看那些自己真正想卖的房子,这样,第二次看的质量好、价格低的房子,就显得比单独来看要格外有吸引力,客户也就更容易下决心购买。

大家可以看到,这种认知对比心理被很多的销售员运用得“游刃有余”、“炉火纯青”。但是要注意,我们的目的不是欺骗顾客,而是巧妙地利用顾客的心理特点,更好地促进销售。

对症下药：不同消费群体要有不同的销售策略

消费者类型不同，消费心理差异也会很大。比如，青年人的消费心理是追求时尚和新颖，表现自我和体现个性，而老年人则富于理智，精打细算并对品牌忠诚度较高。下面我们主要按照经济收入水平对消费者进行一个大概的划分，以便于销售员掌握他们的消费心理，具体分析，做到“对症下药”，从而取得良好的销售效果。

依据经济收入水平大致可以将消费者划分成高收入型、中等收入型和低收入型三种群体。

1. 高收入型群体

这一群体的顾客收入水平比较高，都或多或少地表现出较强的优越感、虚荣心和一定的炫耀心理，并且追求享受。因此，在消费方面，他们吃讲营养、科学，追求感官感受及保健功能；穿求美观、舒适、新潮，体现个性特征；要用名牌、高档、高质，体现自我价值；住要讲究室内装潢，出现艺术性、宾馆化趋势；交通上，以车代步，并且注重户外活动和旅游观光。这一群体目前所占人数比重较小，群体规模不大。

所以，做高端产品及奢侈品销售的业务员就要把握好这一类人的心理特点，产品和服务都要讲究品质与个性，能够体现客户的身份，满足客户追求享受的需要。

2. 中等收入型群体

这是一个规模最大的群体，界于高收入型和低收入型两者之间。他们经济收入居中等水平，生活上能够温饱，可以说是“比上不足，比下有余”的一群人。由于受其经济收入的限制，他们在生活上没有奢望，注重实际，追求消费的实用性，消费心理比较稳定，既有求实从众、求廉要好的普通心理，又有求美求新、求奇求名的消费欲望。在消费方面，他们首先满足自己的生存性需要，同时在力所能及的条件下去实现一部分的享受性需要，以使心态保持总体上的平衡。

在面向中等收入型群体推销时，销售员要突出产品功能的实用、品质的卓越，并且强调物超所值。也可以向他们推销一些打折的高档品。如果销售员提供的商品确实物美价廉的话,那么这一群体是很容易成为忠实的老客户的。

3. 低收入型群体

低收入型群体是指经济收入低微的一群人。他们只能维持甚至于无法满足基本生存需要,生活水平低下,消费局限于生活必需品,根本无法考虑享受性需要,更无能力考虑深层次的发展性需要。他们消费时更多地考虑价格因素。

这一群体虽然收入有限,但决不能忽视他们的购买力。推销生活必备品的销售员可以在保证质量的基础上打价格战,薄利多销,这样既可以满足顾客的需求,又可以促进销量。

第四章

抓住『上帝』那根『软肋』——从客户的心理弱点中寻找销售突破口

上帝即使无所不能，也有打瞌睡的时候；再难缠的客户，也有其心理弱点。这个弱点，对客户而言，就好比他身上的软肋，是其防守的薄弱处；但对销售者而言，却成了进攻的突破口。只有先认清各种类型客户的心理弱点，然后才能“对症下药”，最后一举取得销售的成功。

爱贪小便宜的客户喜欢“买一送一”

贪小便宜是不少人的心理，表现在消费心理上，这种类型的客户总是希望天上能掉馅饼，买东西时一会儿嫌这个贵，一会儿嫌那个贵，还特别爱杀价。爱占便宜的人不管在销售员面前装得有多大方，内心真实的想法还是希望你能便宜卖给他产品甚至免费送给他。至于产品到底是什么样的，能给他带来多大的好处，倒还在其次。他们根本没把销售员的介绍放在心上，他们在乎的仅仅是价格。越便宜越好，最好不花钱就可以拥有。当销售员给他们一些便宜的时候，他们会“突然”对你的商品产生兴趣。

林诚开了一家手机专卖店。他对于店面的布置很费了一番心思。他的店里，除了手机以外，还陈列着各种各样的物品，有靠枕等各种小件家居用品，有咸蛋超人等各种儿童玩具，还有很多小工艺品等等，物品非常多，使得他的小店显得拥挤杂乱，但他的生意却非常好。

一次，一位顾客来到林诚的店里购买手机。双方经过一番讨价还价，客户有些累了，就坐下来喝杯茶。这时，他才发现茶的味道非常好。等终于谈定了生意，顾客将要付款之前，忍不住问林诚：“这杯茶里用的是什么茶叶？”这时，林诚就会慷慨地送给客户一包茶叶。顾客意外得到林诚“买一送一”的馈赠，觉得占了便宜，十分爽快地交款买了一部手机。其实，林诚早已买好了很多茶叶存在店里。

如果客户是带了孩子一起来的，那会引起孩子兴趣的东西就更多了，到时，他可以送的东西也就更多了。但是，林诚并不会主动送东西给客户，而是等着客户看中了店里的某一样东西提出要求时，他才非常“慷慨”地送给客户。

事实上，很多客户在购买了手机之后，都会因为奇怪店里面为什么摆放着那么多东西而问林诚，是不是可以送点什么给他。因为他感觉自己和林诚做了宗大生意，总得有点什么东西赠送吧？林诚就是利用人们这种想占小便宜的心理，故意不说出是赠品，而在客户提出要求后装作是“慷慨”地送给客户。在这种情况下，客户反而觉得是自己占到了便宜。

面对贪小便宜型的客户，销售人员能做的是尽量让他占点小便宜，而不是有求必应，客户说什么就是什么；他想占多大的便宜，你就满足多大的需求。比如，他一进门时，你就热情地招呼上去，真情地赞美，并且要不失时机地提醒他占到了便宜。例如说送饮料时，可特别告诉他“别人只有七分满，你却倒了九分满”。不少的销售员都不太喜欢这种小气型的顾客，他们通常为了避免出现“给他一根葱他再要一瓣蒜”的情况，干脆什么好处都不给他，但这种做法却很容易得罪他们。最好的方法是，一开始就满足他，让他觉得自己占尽了便宜得到了好处，这样他付账时就会痛快多了。

不过，爱占小便宜的客户往往会得寸进尺，占了小便宜还想占大便宜。当我们发现他有这种倾向时，最好马上打断他这种不切实际的想法，就说：“公司有规定，我不能这样做。”或者对他说明我们不能再降价或免费赠送的理由。说话的时候，要柔中带刚，尽量让他们理解我们和公司的苦衷。说完这番话，接下来再给他一点甜头，让他感觉自己仍然是在占便宜，这样成交就不成问题了。

“聪明的男人先让女人占尽小便宜，然后赢得了女人的人。”不妨将这句俏皮话套用在客户身上：“聪明的销售者先让客户占尽小便宜，然后赢得了客户的心。”在实际销售过程中，诸如优惠打折、免费送货、赠品、附加服务等“小便宜”都可以让客户感到喜悦。值得强调的是，例行地公开可占的小便宜已经不能让客户感到欣喜。实际上，有些特色优惠，有些特色服务，虽然你已有准备，但却大可不必公开，等客户开口提出要求以后再慷慨应承，这样效果反而更明显。毕竟有三分小小的意外，才能收获那一分占到“小便宜”后小小的窃喜。只有深度了解客户心理，我们才能认识到他们的可爱之处，才能体会到销售艺术的巧妙所在。

冲动型客户是你滚滚的财源

虽然说现在消费者越来越理性，但是还是有很多冲动型客户。冲动型客户在很多时候，甚至不会“货比三家”，也不会“讨价还价”，只要他们觉得产品性能不错、价格合适，就会直接下单子购买。

冲动型客户喜欢追求刺激、冒险，言行不受约束，经常是不假思索地采取一个行动，随时都能尽情地宣泄自己的感情和欲望，情绪表达反复无常，爱激动，易冲动，对自己的言行也不做丝毫掩饰。

这类客户还很容易受外界环境的影响，喜欢遵循时尚来购物，最近开始流行什么，他们必定会一马当先地去抢购。

他们是天生的急性子，当销售员慢慢地向他介绍时，他便迫不及待地说：“你到底想要说什么呢？能不能直接告诉我结论呢？”这时如果你仍慢条斯理地作介绍，他们就会显得不安。另外，他们做事不喜欢拖泥带水，一旦认定了某件事便立刻做决定，所以与这类客户成交也比较爽快。

因此，我们如果能在销售中，把握好冲动型客户的心理、性格特征，那么他们将带给我们滚滚的财源。对待冲动型客户，具体必须掌握好以下三点：

1. 顺其心意

冲动型客户往往个性比较鲜明，所以我们要快速判断客户个人的喜恶，顺其心意，推销产品时要尽量抓住产品本身符合客户需要的相关特点来交谈，以调动起客户对产品的兴趣。对于客户不关注、不想听的话，我们就坚决“闭嘴”，避免“画蛇添足”。

2. 及时促成

冲动型客户往往凭热情购物，在某个时间段内，客户购买意愿会非常强烈；但是，一旦客户热情冷却了，他们可能就不想购买了。所以，销售员不能贻误战机，必须趁热打铁，速战速决。

3. 勇敢成交

有些销售员，尤其是新人，遇到冲动型客户，总是担心客户对我们的产品还不熟悉，这么快就要下单购买是否存在隐患和问题，因而在具体沟通中显得畏首畏尾，甚至对于客户明确提出的“购买”意向仍犹豫不决，忧心忡忡。此时销售员应了解到确实存在一类急性子的客户，所以不必太担心，做到“快刀斩乱麻”，勇敢地与客户达成交易。

爱慕虚荣型客户要奉承

一个人多多少少都会有一点虚荣心，但有些人虚荣得有点过了头。不知道你遇到过这类极度自恋、极度虚荣的客户没有？他们为了满足自己的虚荣心，喜欢给自己脸上贴金，好让别人觉得自己高人一等。这种类型的客户通常喜欢炫耀，总是把“我如何如何”挂在嘴上。

这样的客户最爱听恭维、奉承的话。如果说，对普通客户奉承三次就足够了的话，对他则至少要奉承五次以上。这个世界上最美妙动听的语言就是奉承话了。很多客户不都是在这些奉承话面前心甘情愿地掏腰包的吗？一位百万富翁很坦然地说：“我就喜欢奉承话，自己喜欢听，别人也爱听。它就是我屡试不爽的秘密武器！”

面对这种类型的客户，其实很简单，他们不是喜欢被别人吹捧吗？那我们就去“无微不至”地吹捧他，小到他的眼睛，大到他的为人。我们想做成生意，就要学会逢迎对方的虚荣心，多说奉承话，让客户心情愉快。在这种友好和谐、愉悦轻松的谈话环境下，客户就会渐渐放松原先的戒备心态。对我们所讲的话题感兴趣，也愿意和你交谈下去，通常很容易成交。事实上，看上去越是傲慢的人，越喜欢听奉承话。可以毫不夸张地说，熟练地、恰如其分地说奉承话是销售人员很重要的一门功课。

对这些爱慕虚荣的客户，要多强调自己的产品最适合像他这样的“高层次消费者”使用，以满足他的成就感。要对其表示肯定，万万不能随便贬低他们，更不可揭他的老底。你如果顺着他的心理说话，给他们多一点奉承，他们就会对你就多一份认同，就会让他感觉到：“原来我一直在寻求的知己终于找到了，原来就是你啊！”多给他灌输一些产品带来的优越感，那么，你的产品才有可能被这些“骄傲”的客户接受。

奉承话怎么说？这也是一门学问。最重要的是“虚实结合”，奉承必须“确有其事”，理由充分。“拍马屁”最忌讳的就是毫无根据地奉承一个人。没影的话，不仅会让这些爱慕虚荣的客户感到莫名其妙，还会让他觉得你不实在，是个油嘴滑舌没品位的人。当他发现了你的“小诡计”后，必然会触发他的防范心理，从而使你陷入被动。

所以，销售人员在说奉承话的时候，要把握好分寸，不能流于谄媚，也不贬低自己，而要尽量讨客户的欢心。

维护好骄傲型客户的自尊心

骄傲型客户给人的感觉是狂妄自大瞧不起人，销售员通常觉得这一类客户很难侍候。

具体来说，这类客户大致有以下三种心理状态：

1. 瞧不起人

这一心理特点又分为两种情况：一是一些客户本来就有非常好的物质条件，总觉得自己高人一等；二是一些客户他们自身也曾受过他人的藐视，自尊心受到打击，于是发誓自己也要显赫一番，在加入了“大款”之列后，他想到了以前的痛苦，但他并不是同情和自己有相同遭遇的人，而是拿他们发泄情绪，以极其傲慢的态度来对待他们，从而满足自己的报复心理。

2. 掩盖内心空虚

这种客户的自信心不足，他们虚荣心较重，总是担心他人不承认自己，这种思想表现在行为上就是在他人面前摆出一副骄傲自大的架势，语言上也模仿着“款爷”们，“拿好的来”、“这种产品，×万元以下的我不要！”话虽说出来了，内心却颤抖得厉害。

3. 故意显示自己的身份地位

这种客户希望对方承认他是了不起的。他们可能拥有较多的财产，在社会上也有一定的地位，不愿被人看成一个普通的市民。他们上街购物时，本来就有一点高高在上的感觉，如果发现某一销售员不尊重他或服务不周时，他的这种感觉就会变得更加强烈，甚至于与销售员发生冲突。他们与人交谈时，往往对自己大吹大擂：“这块劳力士不值钱，也就十几万”、“我是某公司老总，××领导也接见过我”、“我现在已有××资产呢”。

与骄傲型客户打交道，销售员不妨顺应他们的心理，采取以下两种策略：

1. 学学大禹治水的方法，对于客户的骄傲宜疏而不宜堵

客户的骄傲情绪就如同洪水，如果销售员想“堵”住，它可能会更加放任以致“泛滥成灾”。因为这类客户的自尊心极强，神经也有点过敏，当他们感到自尊心受到伤害时就会发作，局面变得难以收拾。所以对于这类客户必须采用“疏导”之法。他自傲就让他自傲去吧，他自吹自擂就让他吹去吧。等他吹够了吹累了，情绪得以宣泄时销售员再抓住机会展开攻势。

2. 以问代说，以商量的口吻表达自己的意愿，是说服骄傲的客户的有效方法

下面这位总经理的体会也许会给我们以启示：

某位世界五百强企业的总经理在谈起自己的成功心得时说,他最大的成功就是网罗了一批才高气盛的员工为公司服务。而征服这些清高孤傲者的最大秘诀在于:决不用“命令式”口吻说话。

的确,这位总经理绝不说“你去做”或“你不要去做”之类的句子,而总是和颜悦色地对员工说:“你看这样好吗?”“这事这么做,行吗?”用请教的口气请人做或不做。他审阅秘书拟就的函稿觉得有什么不妥的地方需要修改时,他也不说应该怎样改正,总是和蔼地说:“这一句如果这样写,可觉得较妥当些吗?”他表达自己意思时,常用建议的方式使人们自行领略,绝不用命令的方式强制人们服从。他始终如一地尊重对方的意见,维护对方的自尊心,绝不抹杀人们的见解,蔑视人们的体面。因此,员工们都心甘情愿听从他的指挥。

从这位总经理的做法中,我们可以看出,他赢得骄傲员工的忠心的秘诀就在于他了解他们渴望受到人们尊重的心理需求,所以这位总经理总是以商量而非命令的口吻对员工说话,征求意见的提问多过不留余地的陈述。销售也是一样,要想赢得客户的心,销售员就必须满足他们想要得到别人认可的心理,注意我们的语言,不去伤害他的自尊,在我们给足了他面子之后,客户一般是没有理由不认真地与我们交谈的。

对滔滔不绝型客户要有耐心

滔滔不绝型客户不吝口水,销售员说一句,他应十句,好像我们的每一句话都打开了一个泉眼,不停地往外冒水,我们怎么堵也堵不住。

一般来说,此类客户的谈话内容可分为两类:

一是对销售员及商品本身的驳斥与怀疑。我们说产品是老牌子,有信誉保障,他便说这种产品已跟不上时代,缺乏创新;我们说产品质量好,他说你没有证据,当我们拿出国优、部优证明时,他又说现在各种认证泛滥,不可信;如果没有售后服务,他严厉批评,有售后服务他又说名存实亡或有售后服务就说明产品质量不可靠等等。总之,他会想尽说辞将你驳得一无是处。

二是自我吹嘘。一有机会,这类客户就会抢过话题,向销售员吹嘘他自己,以过来人的姿态,给你一些“教导”:“我在做销售的时候,你还在上小学呢，你应该……不应该……”

客户向我们滔滔不绝、一吐为快，虽然增加了我们销售的难度，但是，只要我们弄清这一类客户的心理原因，之后再采取相应的销售策略，相信我们还是可以找到销售的突破口的。一般来说，客户滔滔不绝的心理原因主要有以下几种：

1. 卖弄欲望强烈

这类客户由于有着很强的卖弄欲望，所以喜欢在销售员面前炫耀，不管对方是否还在讲话，他屡屡抢白。其实这种客户很自卑，心理承受能力较差，担心得不到销售员的尊重，所以用“疯狂”地吹嘘自己来掩饰内心。

2. 寻求击败对方的满足感

争强好胜是人类的天性，所以客户在与你交谈中喜欢占上风。你说一句，他驳十句，直到最后把你“打”得大败而归，灰溜溜地离去。这就如给了他一剂兴奋剂，他止不住满心欢喜。这种客户的心理就是喜欢在“击败”对方的过程中，寻求满足感。

3. 发泄自己的情绪

越爱提“当年勇”的人，现在一定很不得志，越爱吹“我如何如何”的人，在实际生活中一定四处碰壁。所以客户心中一定有很多不如意，通过几次畅快发泄，他的心情会好得多。所以客户对销售员并不存在敌意，只不过借助这种场合，冲着销售员发泄一下情绪而已。

当我们弄清了滔滔不绝型客户的这些心理特点后，在以后的销售过程中我们只要顺应客户的心理需求，多一些耐心，做到：一不怕“苦”，二不怕“累”，多多赞美他就可以了。

这种嘴上无遮拦不藏心机貌似难对付的客户其实并没有什么坏心眼，比那种一脸和气但城府很深的客户好得多，所以你对付这种客户，要做到不怕“苦”，任他驳你，贬你，讽刺你，你始终一脸风平浪静。在听客户唠叨时也不要嫌累，你要挺住，让他说个痛快，等他尽兴了，情绪平复下来，发现你是一个很好的听众，那么下一次他对你的态度就会友好起来。

并且这种客户最爱听恭维、称赞的话。对普通人，称赞五次就足够了，对这种人则至少要称赞十次以上。所以销售员在聆听客户讲话的时候要不失时机地给予适当赞美。你赞美得越多，就越能满足他的心理需求。

虽然爱说话的客户比沉默的客户较容易应对，但我们要分清楚客户是不是故意发表长篇大论浪费时间，借以驱逐推销员。我们可以先专心倾听对方的谈话，在交谈中，掌握住对方内心矛盾、担忧所在，然后便可采取攻势，以如下的询问法间接地探寻对方的心理：

“杨总，你刚说我们的东西很好，可为何又说这东西不适合贵公司呢？你能告诉我原因吗？”

或是说：“科长，你刚才说存货的处理问题很重要，那我就不明白你为何不重视这个处理机会呢？”

大凡客户听到了如上的询问后，便不得不回答；如果客户回答时支支吾吾，就表明他并没有购买的意愿。

另外，向爱说话的客户告别也是一件很困难的事，因为他很喜欢说话，所以一讲起话来便天南地北地聊个没完，这样有可能会影响到销售员拜访其他客户。如果销售员在客户说话的中途离开，客户会认为你不尊重他，引起他们的不满。因此，面对这些爱说话的客户，销售员在告别时一定要讲究策略，尽可能在不使对方扫兴的情形下，表明辞别之意。例如我们可以使用如下的辞令：

“××主任，您说的话对我有很大启发，让我忘了时间，由于有一些尚未完成的事要做，请容我下次再来洗耳恭听，谢谢您主任，再见！”相信以这种表示很愿意继续听但又不得不走的言辞向对方辞别，可以得到对方的谅解。

另外，大部分人在吐气时，表示正欲说话，而吸气表示谈话告一段落，所以销售员应注意客户吸气吐气的动作，在客户吸气时，适时地提出告辞的请求。

节约俭朴型客户讲价格

有时候，我们会发现一些非常节俭的消费者，他们不仅是对高价位的产品不舍得购买，而且对自己很满意的产品也是处处挑剔，对我们的产品和服务大挑毛病，多年以来的节俭习惯，让他们拒绝的理由也是五花八门，让我们意想不到。

最近，自称业务很精熟、能力很强的李军遇到了难题。他以前面对的都是那些比较有钱的客户，最近在一家新公司任职，出现了一些新问题不知道如何去解决。他说了这样一件事：“我真的不知道怎么对待一位特别节俭的客户，他不仅会算计，还很会讨价还价，每天跟我在电话里、公司、服务现场讨价还价，让我感觉像是待在一个菜市场里。这种感觉快要让我发疯了，我真想大吼几声！”

他跟上司诉苦：“在这个客户眼里，好像我们所有的东西都该免费提供给他一样，整天缠着我，我的服务也是免费的啊？都免费了，我们这些销售人员不都要去喝西北风了吗？”“就算我们的服务是免费的，那也要根据合同的约定去执行吧？”

老板笑着说：“小伙子，不要着急嘛，你可以跟他讲明白咱们产品的实际价值，告诉他，这些东西是最低价了，适当给他制造点危机感，不信的话，让他自己调查调查。”李军一脑门子汗，从上司办公室出来就打通了这个客户的电话。

有类似李军这样经历的销售者一定不在少数，毕竟这个世界上真正的有钱人不多，节俭简朴也是传统美德。

应对这种类型的客户，其实很简单，就像李军的老板所说的那样，给他们一颗定心丸，保你“百病无忧”。

如果你常和这类客户打交道，你会发现他们并不是那种一毛不拔的人，他们只是花钱花得谨慎，他们认为钱就要花在刀刃上。只要你能激发他们的兴趣点，让他们感觉到物有所值，卖给他们东西也不是很难。

和这类客户商谈时，最好着重强调一分钱一分货，指出商品的特征和价值所在。你要把产品的成本、生命周期、投资回报率告诉他们，并强调高报酬率才是重点。

只要我们循循善诱，让客户明白了这个道理，他们就会很爽快地打开钱包。如果客户以价格太高拒绝购买我们的产品时，我们还可以分几次推销，把一次推销任务化整为零，以减少关于价钱的压力。

花钱要花得值，相信你也是这样认为的，何况是我们要从客户的口袋里掏钱。销售人员不仅要控制自己的心理，还要学会掌控客户的心理。只要我们让客户感觉他花的钱是花在了刀刃上，我们的目的也就快实现了！

犹豫不决型客户需给建议

犹豫不决型的客户指的是行动缓慢、做事非常谨慎的客户。他们不仅仅步伐和动作缓慢，买东西的时候慢条斯理、小心翼翼，生怕上当吃亏，说话速度和反应速度也很慢。最极端的是久拖不决的客户，可能由于购买经验不足，对产品不熟悉，在购买过程中会对销售员察言观色，善于从销售员的言行举止中发现端倪和问题，包括你的着装是否得体，你公文包里的文件放置是否整齐等。他们就像一个有才能的观众在看戏一样，不会放过演员的一丝错误，对销售员所说的每一句话都会认真琢磨、冷静思考，稍微有一点不清楚的地方，他们就会提出来询问，生怕稍有疏忽就会上当受骗，他们只有在把所有的细节问题搞清楚之后，才会放心地下单。

赵先生现在是一家外贸服装厂的销售员，经常和客户打交道。在他的销售工作中，发现有些客户总是犹豫不决，眼看着一单生意马上就成了，但过几天竟然杳无音讯了。他说："虽然我明明知道我的客户需要我们的产品，客户也知道我们的产品能给他极大的帮助，我的服务也不差，但是谈了很久客户仍然是一副犹豫不决的样子。我真发愁，怎么才能让这些犹豫不决的客户快速决定呢？"

那么，到底如何应对类似赵先生所遇到的这种客户呢？其实，我们可以针对他们的心理特点和性格因素来应对，既然他们不能快速地做决定，我们可以想办法催促他们。我们可以告诉他"这个项目非常适合你，如果现在不做，将来肯定会后悔"等具有强烈暗示性的话。让他感受到危机感，迫使其快速下决心。尽量和客户之中那些富有主见的人去沟通，让有主见的人去带动犹豫不决者的情绪。

面对犹豫不决者，商谈的时候，我们很有可能会遇到不同程度的障碍，如果不能设法促成对方做出最后的决定，生意必然是"大事化小、小事化了"。解决这些问题，我们可以尝试使用下面这些方法。

1. **帮助客户挑选**

有一些客户就算确定了和我们合作，有意要做成这笔生意，但是仍不愿意快速地和我们签单，总是在一些小问题上打转。这时，你该怎么办？

销售人员最好戳穿客户这种微妙的心理，审时度势，及时解除客户的所有疑虑，而不能急哄哄地谈什么订单问题。能设身处地为客户着想，客户自己也就没什么顾虑了，不犹豫，签单的时候也就到了。

2. 假定客户已同意签约

这个技巧主要还是攻心为上。当我们发现客户露出购买信号却有点犹豫不决时，最好假设他已经在按我们的思维做决断。比如，顾客想做一个网站来宣传自己的产品和企业形象，但是他对互联网了解不是很多，不太了解上网对公司有多大的好处，仍在犹豫，不知道这样做合适不合适。这时，销售人员就可以对这个客户说：“您看是先做5页，暂时先把您的网站建起来，以后再根据效果增加网页数好呢，还是一次性把您的网站建全面好？既然要扩大宣传力度，要做就做最好的嘛！反正钱也差不了多少！您怎么认为？”这样，客户考虑的就不是做不做，而是怎么做的问题了。当他在回答这个问题时，在无形之中，他已经同意做这个网站了。这种二选一的商讨方法模糊了客户的视线，从而顺利达成协议。

3. 拜师学艺

当我们费尽口舌，“机关算尽”，十八般“武艺”统统无用，什么方法都无效，眼看这笔交易要黄的时候，不妨试试这个方法。可以这样说：“虽然我知道这样的业务对您很重要，也许是我的能力太差，没办法说服您。不过在认输之前，我想请您指出我的错误，能否让我有个提高的机会？”以谦卑的口吻说出诚挚的话语，很容易满足客户的虚荣心，也许还能解除你们之间对抗的心理。他如果愿意“指点”你，在鼓励你的时候，说不定还能带来签约的机会。

4. 建议成交

这些话富有一定的技巧性，也许能促使客户快速签约。记下来，也许真的很有用！你可以说：

“既然一切都定下来了，那我们就签个协议吧！”

“您是不是在付款方式上有疑问？”

“如果您有什么疑问，可以向我咨询！”

“我们先签个协议吧，我们也好开始准备为您服务，让贵公司早日受益。”

“如果现在签协议的话，您觉得我们还有哪些工作要做？”

5. 欲擒故纵

如果我们的客户天生优柔寡断，虽然对我们的产品和服务很有兴趣，我们也解决了他的所有问题，但他就是拖拖拉拉，迟迟不肯做决定。这时，我们不妨故意做出一副收拾东西，马上就要走人的样子。一般情况下，这样的行动会促使那些真正想买的客户做出决定。但也要注意只能适用于竞争不是很激烈的情况，否则真离开客户，可能会适得其反，被别人钻了空子。

为时间观念强的客户节省时间

一位经营家具的老板这样说："我最欣赏的是那些重视时间的人。我手下的销售人员都要像医生那样，不但专业还要懂得时间的珍贵性。要知道，医生耽误几分钟就会出人命。我的销售员也决不能随意耽误客户的时间，几秒钟都不行！"

在销售的过程中，面对那些来去匆匆的客户，作为销售员，你有没有一种抓狂的感觉？也许，在很多时候，销售员功亏一篑的根本原因就是没有充分重视客户的时间。

人们都这样认为：最好的客户是最具有能力购买我们商品的人，通俗地讲就是有钱人。但是，有钱人通常都是善用时间的人，合理安排时间才能积攒巨大的财富。对他们而言，时间确实就是金钱。

销售员要知道，客户的时间比我们的时间还要珍贵。他们忙起来的时候甚至连听我们讲解几分钟的时间都没有，即便能和我们说几句话，也是来去匆匆。

为了达成交易，销售人员必须对客户的时间重视起来，并尽力去了解他们的时间安排。这些客户通常整天忙着开会、见访客、谈业务……根本没时间做其他的事，忙得不可开交。但是，他们必须要依赖销售员提供的资讯，必须抽出时间来处理重要的销售拜访。这就要求我们和他们谈话的时候，尽量为他们节省时间，赢得他们对我们的好感。

对于时间观念强的客户，洽谈时除了必要的寒暄外，应该立刻谈到正题上。而且，我们必须先设法探听出他喜欢什么，关心什么等等。在谈到正题之前，先跟他聊聊天，如果看苗头不对，就该立刻谈到正题，如果先谈结论，再谈理由，也可以给他一个好印象。比如，我们可以对他说：“我只花您5分钟的时间。”当我们谈到5分钟时，再看看客户的表情。如果他面露喜欢听下去的模样时，我们再说：“我再谈几分钟就好。”当我们谈了几分钟后，可以反问客户：“您还有什么不清楚的地方，需要我向您解释吗?”利用这种方式，静候客户的发言。

记住，这时应特别注意拖延时间的说话技巧，绝不可以讲4分钟，6分钟或10分钟。因为双数会给人的直觉反应很多，它会使客户怀疑你要讲很久。如果用单数，让客户心里存着5分钟，7分钟的观念，他会觉得费时不多，就会安心地听你讲下去。

等他心里发生了这种微妙的变化后，我们再观察他的表情，如果他还有继续听下去、想看看我们的商品的意愿时，我们就可以把说明书或样本递过去，再诚恳地问他：“您还有什么意见吗?”如果遇到他连环炮似的发问时，我们一定要先听清楚他的问题。等我们把样品拿出来时，可以不必按照对方问话的次序，向他说明使用的方法和好处。在这种情形之下，也可以对他说一句：“请您稍等一下。”然后再慢慢地向他讲解。当我们把客户的注意力引到我们的话上时，要尽量说明我们所认为要紧的理由。如果销售员本身的行动和说服力不够机警和清楚的话，反而会使客户听得不耐烦。这时我们最好长话短说，多用动词，少用形容词，用语简短有力，态度举止也要有分寸。

和这些来去匆匆的客户多“交手”几次，我们就会发现，这些整天嚷嚷着时间紧张的客户原来很可爱，很值得我们学习。销售员与客户谈话时，要直奔主题，抓住重点，抓住他的注意力，为他大大地节省时间。只要销售员能和客户建立起良好的关系，销售业务也会慢慢地水到渠成。

沉默型客户需要引导

在销售的过程中，有时候会碰到一些一言不发的沉默型客户，我们无法知道他究竟在想什么，真是很难应对。的确，沉默型客户敏于行而慎于言，他们冷静审慎的性格特点让销售员觉得高深莫测，不敢轻易妄为。

这种客户的嘴巴掰都掰不开，没办法，我们只好厚着脸皮一个人在那儿唱独角戏，展示你的产品。无论销售员的话题是产品还是公司，他都一言不发。他就那么闭着嘴，听我们说，我们猜不出他的心里到底是感兴趣还是排斥。他神情漠然地望着我们，我们更无法从他的表情中找到一点启示。总之，客户高挂“免战牌”，任我们怎么激将他就是不出来迎战，你也不知他是怕打不过你而不出来还是不屑于与你作战。那么我们就像是孙悟空被压在五行山下，即使有再多的销售绝招就是用不上，顿时让我们感到“英雄无用武之地”。

与这种客户进行交易，你一定会感到十分尴尬。他表情冷漠，拒人于千里之外；我们舌头打转，心中惶惶不安，这种气氛令双方都感到不舒服。如果此时我们为了打破僵局，频繁地主动向对方发问，那么他就会更加沉默，我们越主动，这种“无声的抵抗”就越持久。直到我们的唠叨使客户不耐烦，他终于开口说：“您别费口舌了，请回吧。”这样，一场交易还没开始便结束了。

销售员常常百思不得其解，究竟是哪里出了问题，客户见到我为什么不愿意和我交谈呢？一般而言，客户金口难开的心理原因主要有以下五点：

1. 客户怕一开口便给推销员一种自己想买东西的误解，担心推销员死缠烂打，给自己带来麻烦，所以佯装不爱说话。

2. 客户怕自己吃亏，所以对自己不太懂行的产品采取尽量少说的策略，让销售员多说，以便自己摸清底细。

3. 客户本身沉默的个性使然。

4. 客户不愿意与销售员交谈也可能是因为讨厌对方。

5. 客户当时的心情不好。

找到了客户不爱说话的心理原因，我们就可以有的放矢地解决问题了。从以上原因中我们可以看出这些客户虽然不爱说话但并不表示他们真的不愿意和我们交谈，相信只要推销员善于把握住客户的心理，给客户创造出适当的说话机会，那么客户还是愿意向我们敞开心扉的。

那么该如何给客户创造适当的说话机会呢？如果开门见山谈交易行不通的话，销售员可以提一些客户感兴趣的话题，引导对方开口说话，待对方开口说话时，销售员除了要认真倾听外，还要注意赞美对方，给对方及时、积极的回应，这样对方才能感到与我们交谈的融洽，拒斥的心结才能打开。

如今已经当上销售经理的小王在刚做销售时就碰到过一位沉默型的客户。这位客户拥有一家地点及环境良好，且店面外观非常气派的糕饼店。

小王走进店里时，店主正忙于糕点的包装，他除了偶尔翻白眼瞄一下小王外，一句话也不跟他说。不久，一位看似老板娘的人走了出来，小王立刻向她打招呼，但她也只是冷漠地看了小王一下，便低头默默做她的工作，小王在该店内足足站了20分钟，仍无法与他们进行任何交谈活动，不得已只好放弃推销的念头。

十天后小王再次来到糕饼店，但店主似乎完全忘了小王曾经来过店里。这次小王改变策略，他请正在做糕饼的店主包装好十块糕点，付了钱后，拿出两块糕饼当场品尝，然后开始进行销售前的引导活动。

“老板！你的糕点很爽口，真好吃，是你亲手做的吗？是用铁锅烤烧的吧！用的是砂糖吧！”

听了小王这些话，店主便开始说：

“不错！你怎么会知道呢？这种饼好吃与否完全在于它的馅料，我们店里从不使用劣质的糖做馅，你一定吃得出饼的外皮也很好吧！这都是我亲自烤的，不像别家店用机器烤的那样淡然无味。我认为做生意不完全是为了赚钱，如果为了赚钱用料不足，不但会影响店里的声誉，也对不起自己的良心。啊！我想起来了，你上次好像来过，你是做什么的呢？”

“没什么，我今天来是想买些饼，因为我的客户很喜欢吃你的饼，所以我想买些送他，老板！你好像很喜欢墙上那幅画吧！”

“喜欢是喜欢，但也不是什么贵重的东西，我看你好像也很喜欢！这样吧！晚上你再来一趟好了，有什么生意的话，到时候再谈好了。”

在以上案例中，做糕饼是店主最熟悉不过的事情，糕饼能得到顾客的认可也是他最引以为傲的事。于是小王便顺应客户的心理，将话题引到糕饼上，这样使得店主有话可说，另外他还赞美店主的糕饼好吃，这样就满足了店主的成就感，接着又寻找双方共同的兴趣点——墙上的画。通过这些，小王成功地打破了与客户的僵局，之后再通过引导使客户主动提出谈生意的事，这样小王离成功地把产品销售出去就不远了。

顽固型客户需要商量着来

顾名思义，顽固型客户比较固执，当他一旦做出决定，别人很难说服他。

所以，顽固型客户在心里面不喜欢被强迫推销。有些销售员，常常不自觉地把自己对产品的看法、意见强加给客户，希望能够帮助他赶快做决定。可是，这是令这类客户最反感的事情了。所以，我们在同这种客户推销产品时，要充分理解客户吃软不吃硬的心理，以商量的口吻，站在客观的立场来向他介绍产品，解说产品的好处。

例如，碰到一位顽固型的客户，我们应该这样说："先生，我相信您是一个比较有主见的人(你要强调他是一个很有主见的人，因为这种人比较喜欢听人家称赞他是有主见的)，所以您需要什么样的产品，什么样的产品比较适合您，我相信您的心里很清楚，而我在这里，只是站在一个比较客观的立场，来向您解说我们的产品还有哪些优点，以及您购买我们的产品所能得到的好处或利益。当我用10分钟的时间向您介绍完以后，您绝对有这个能力来自行判断，什么样的产品和服务是您最好的选择。"

我们用这种商量性的口气，站在客观立场，来向他介绍你的产品和服务，没有与他的想法发生冲突，相信他就能够接受我们的解说。如果在经过自己的仔细思考过后，发现我们提供的产品或服务的确更划算的话，他还是愿意改变自己原来的想法的。

对于顽固型客户，有时销售员也不能一味顺从他们的想法，否则，如果客户的利益受损，他们在心里面第一个要责怪的就是销售员。

下面这个案例中，销售员就没有应对好顽固型客户——新上任经理的不当要求，结果把事情弄得很糟糕。

一位推销员去拜访一家连锁超市的分店。这家分店刚巧换了新经理。

新上任的经理刚从一家很小的分店调升到本地。新的分店所服务的地区比原先的分店大好几倍。新经理同意进一些货，他与推销员一起讨论订购的项目与数量。他对推销员说："我前任的经理没有向你购买很受欢迎的4两装的茶叶，请你送6箱过来。"

推销员对他说："前任经理没购买这种茶叶的原因，是因为这里没有人会买那种包装的茶叶。"

"怎么会呢？那种包装的茶叶很抢手，赶快替我送6箱来！"推销员有点不安地说："根据我的经验，我必须向你建议，最好不要……"

"你的经验？老弟，我比你大好几岁，你认为我不懂得如何做生意吗？"新任经理有点恼怒了，这位推销员怕两人的关系闹僵了会影响以后的订单，所以也就没再说什么。

几个月过后，这家分店连一包茶叶都没有卖出去，现在，这位经理责怪推销员把这项产品卖给他。

新任经理由于没有做市场调查研究，就凭感觉武断地认为在他原先的分店里很好卖的4两包装茶叶在这里也会畅销，没有听从销售员的建议，使超市利益受损，并且他没有反省自己的责任反倒责难起销售员来。然而，客户毕竟是上帝，在这次销售中，销售员也有做得不妥的地方，他不了解顽固型客户的心理，没有以一种适当的说话方式让客户意识到问题的所在及可能会出现的严重后果，一味顺从客户，而导致产品滞销，反而对二者的关系造成了更坏的影响。

所以，面对“不撞南墙不回头”的客户，我们要以商量、委婉的口气明确指出客户如果坚持己见所产生的严重后果，这样，他们就会从自我利益的角度考虑，从而接受你的建议和方案。

销售员黑尔曼所销售的产品是一种叫做“除冰王”的路面清理剂，在向顽固型客户销售时，他有一种应对他们顽固心理的法宝，那就是以非常委婉的方式向客户指出如果不购买产品可能会发生的损失。

“尊敬的客户，如果今天您的一位客户在贵公司门前结冰的楼梯上滑倒而折断了大腿骨，按最保守估计，您要支付赔偿金额达到15000马克。除此之外，即使判定事故是由于他本身的疏忽导致，贵公司不必支付任何赔偿，贵公司与这位客户的关系也必将遭到严重的破坏！”

“尊敬的客户，您也许会说，我们会定期清理路面和撒盐。当然，每个人都这么做。但大多数的事故是发生在什么时候呢？如果您的一位同事约某个客户周六早上在公司见面，想想会发生什么？房屋管理员履行了他的义务，在周五早上还撒了盐。但是一般盐的功效最多只能持续12个小时，那么周五晚上就已经无效了，于是周六早上发生了不幸。相反我们的‘除冰王’能够保证24小时有效，只要您的房屋管理员在周五晚上再稍微清理一下路面就足够了。”

销售员如果能够像黑尔曼一样，在你把严重的后果摆到客户面前时，相信即使再顽固的客户也不会轻易拒绝销售员的建议了。所以，只要销售员坚信自己的意见是对客户有利的，那么就不要放弃，委婉、和气地向顽固的客户提出，多试几次，客户总会被打动的。

稳健型客户需要理性对待

在销售过程中，我们碰到的一类数量最多的客户就是稳健型客户，他们的心理特征如下：

1. **稳重沉着**

稳健型客户做事谨慎，在充分考虑后才能做决定。他们可能会认真地倾听你的介绍，然后在心里深思熟虑，表面上不露一点儿痕迹，显得十分稳重沉着。他们这种冷静的表情有时还会使你心里发毛，不知对方到底在想些什么，可又不敢随便发问。如果客户真的对你所销售的产品感兴趣的话，那么他们有时会连细枝末节都问得一清二楚。等到对方仔细考虑到底要不要买时，若你的回答不能让他满意，客户就不会轻易下决心，但一旦下了决心，那就是板上钉钉的事了。

2. **小心谨慎**

稳健型客户认为轻易行动会招来麻烦，导致损失，因此每次作出决定之前，都得谨慎考虑，分析得失，因此时间也比较长。因为谨慎，他可能会找来亲友，打听行情，然后一块儿商量作决定。如果没弄清产品的具体情况，如性能、价格等，并且没有货比三家，那么他们就不会轻易购买。

3. **比较敏感，害怕上当**

稳健型客户本来就比较谨慎，如果加上你对产品掌握得不是很专业，对行情不是太了解，这时，客户就容易产生“谨防上当”的保护性心理。平素谨慎的客户通常只会相信你一半的话，产生警觉后，则会对这一半话也产生怀疑。他们认为你花言巧语的目的只是为了向他们兜售低质商品，因而不信任你。

知道了稳健性客户的所思所想后，销售员可以采取以下几种方法与其打交道：

1. 稳健型客户突出的特点是理智，很有可能在与我们接触前，他们就已经意识到自己对产品的需要，并且通过各种渠道来了解产品，分析产品。当他们和销售员进行交流时，他们最关注的还是产品本身，以确认产品是否能满足自己的需求。因此，对于稳健型客户，销售员从产品的性能、特点来说服客户是最佳的策略。要在交流过程中肯定客户的意见，主要对客户不了解的方面给予更明确、专业的解答，通过与其他产品从质量到价格的全面比较分析，让客户觉得购买自己的产品是划算的，并且要理性地分析产品能够给客户带来的实际收益。

2. 销售员在销售过程中，必须学会协调自己和客户的言行步伐，如果客户语速缓慢、语调低沉、行动谨慎，那么我们也要放慢语速、压低声音、小心自己的举止。不能让客户来适应我们的言行步伐，如果你让对方适应自己，对方感到适应不了时就会走开，生意就谈不成了。所以销售员要尽量与客户采取同一步调，积极适应客户，但不要丢掉销售的主动权。

3. 对稳健型客户，切不可性急，不要催得太紧，给他们留一段思考的时间。等他们深思熟虑后，觉得你的产品合适自然会购买。

4. 在对付稳健型的客户时，销售员也要保持沉着冷静，给客户留下好印象。在条分缕析地解决了对方的问题后，如果客户觉得满意就要快速成交。

摸清控制型客户的脾气

在销售过程中，我们也会碰到这样的客户：他们几乎总是知道自己想要什么，当别人正在思考怎样处理一件事情时，他们已经有了透彻的考虑，也做出了决定；他们大都身处要职，掌管决策大权，非常有主见；他们希望销售员能完成他的想法，就如他企业内的其他人员一样都必须听命于他，如果你想改变他们的想法，你最好是有一个令人信服的理由，不然他们是不会听进去的，而且这个令人信服的理由必须配以更好的实施方案。这样的客户就是控制型客户。

控制型客户态度明确、做事果断、头脑清楚、注重结果、时间观念强，最不喜欢包含太多细枝末节的提案。针对控制型客户的这些心理特点，销售员要做到以下几点来积极应对：

1. 在与控制型客户面谈前应事先准备书面提议，并且提议不要太过烦琐

销售员应该以书面的形式提出关键的意见，让客户能够独自思索研究。须注意的是，凡是提案过于详细，或是缺乏理性、强调感情方面的论点，均无法得到他们的认同，所以要尽量避免。并且你所提出的解决方案，必须站在客户的立场，从大的方向考虑，避免琐碎细节，必须让客户去主导实施，你尽可能地配合他的想法，协助他实现自己的主张。

2. 销售员要预先准备好一个陈述大纲，并且陈述时必须做到：直接，简短，针对结果

（1）直接。对控制型客户所说或所写的每一件事都要直接明了、切中要害。

（2）简短。不要浪费客户时间，陈述时要条理清楚，逻辑性强。只说那些与产品有关的事情。

（3）针对结果。要确保我们所说的每一句话都要围绕着让产品打动客户这一中心，不要跑题。

3. 对控制型客户在态度上要表示尊重

销售员应该清楚客户的职位，虽然他们可能不会明显地要求你对他因他的职位而表示顺从，但是，如果你过于亲近他们或对于他们的职位，尤其是对他们以往的成就缺乏尊敬，那么你很快就会失去他们。

4. 为客户提供不超过两种的选择建议

控制型客户有他们自己的主张，你的明智之举是向他们推荐一些他们可加以选择的建议。所提供的选择最好别超过两种，因为这样可以向他们表明你向他们推荐的是经过了仔细的思考和筛选之后而得出的，是最适合他们的。如果销售员没有做好准备工作，没有仔细考虑过你的建议对他们意味着什么，那么就很有可能露出破绽，而客户对你的信任也就随之消失了。一旦失去控制型客户的信任，即使你花再多的时间、付出再大代价也未必能够重新取得。

不要错过“随便看看”的客户

在和客户打交道中，我们会发现客户常常习惯于四处转转、随便看看，除非他们发现了一笔最好的交易，否则他们不会轻易表示购买的愿望。其实，当客户提出“随便看看”时，有时是已经有了购买意向，只是习惯性地在购买前再逛逛，再一次确认将购产品或服务确实符合自己的需要。这时如果销售员轻率地认为他们真的只是来随便看看，那么我们就犯了一个错误，忽略了这个主动促进销售的机会，而这种忽略将使客户产生一种失落心理，也就果真不会在我们这里购买了。

所以，在了解了那些“随便看看”的客户的心理之后，我们不能错过销售的机会，要主动把客户留住。

一个开车的人停在一个加油站，只是为了问路。聪明的服务员会说：“既然你来了为什么不加一点油，或者清洁一下你的挡风玻璃。只需几分钟……”客人总是喜欢听取建议的。

一个过路人溜达进了一家书店。“随便看看吧，女士。如果您需要的话，我们那边还有咖啡和蛋糕。”事实上，只要我们留住客户的时间越长，她买东西的机会就越大。

在一个零售商店里，购物者在一个衣服橱窗前踌躇着，这时销售员走过来对她说：“喜欢哪件就试试，没有关系。”然后微笑着给她介绍这一周的特价商品，相信这位顾客不会空手而归的。

想一下麦当劳那句非常简单顺口的话：“来点儿炸薯条怎么样？”因为这句话，麦当劳每天能多卖出数百万袋的炸薯条。

从以上几个案例中，我们可以看出“随便看看”的客户虽然没有表现出明显的购买意愿，但销售员只要主动一些，稍加引导，给客户一个购买的理由，那么也是有可能成交的。所以，销售员应该尽可能地留住客户，他们停留的时间越长，买东西的机会就越大。就算“随便看看”型客户现在没有购买你的产品，可他们已经对你热情的服务有了良好的印象，很有可能在以后会成为你的客户。更为重要的是，客户有朋友、亲人、同事等等，他会向他们宣传你的产品及服务。所以，如果销售员认为“随便看看”型客户无足轻重，因而对其怠慢的话，那就大错特错了。

可是，“随便看看”型客户有时会向销售员发出一个致命武器，那就是在我们热情周到服务的最后，抛出“我没有带钱，我只是随便看看”的理由。如果这时销售员脾气发作的话，那么我们所有的努力就都白费了。人们常说：天无绝人之路。看看下面这位销售员是如何处理这种情况的。

我是一名汽车推销员。常常会有客户在店里转来转去地看车，尽管我做了大量推销工作，他们却借口没有带现金、信用卡或空白支票，不肯付一笔定金。我要是花了一个小时左右的时间进行推销，而客户还这样的话，我是不会心甘情愿放他离去的，因为一旦离去，他就很可能再也不回来了，我的努力也就白费了。

面对这种情况，我会说："弗雷德，没有问题。我和您一样，有很多次也忘了带钱。"然后，我稍微停顿一会儿，观察到客户有种如释重负的感觉——他带了钱！我会接着说："事实上，您不需要带一分钱，因为您的承诺是最重要的。"

接下来，我会让客户先签一张订购汽车的单据。

等他签完名，我会强调说："我这个人往往能给别人留下不错的第一印象，我知道，客户们是不会让我失望的。"实际上，当我这样说时，确实很少有人会令我失望，他们都在签完订单的第二天及时给我送来了定金。所以，当你信任别人时，别人也会向你证明他们的确值得信赖。

案例中的销售员主动向"随便看看"的客户进行推销，当客户以"没有带钱"为借口来拒绝他时，他知道客户并不是因为对自己所介绍的汽车不满意，也不是钱的问题，而是客户的一种习惯性心理——在确定购买某产品之前总要货比三家才放心。这时销售员要做的就是及时促成，他先让客户签一个订单，至于定金可以过后再交。由于客户除了没带钱的原因再没有找出其他拒绝的理由，所以只好遵从销售员的建议。然后进一步利用"当你信任别人时，别人也会向你证明他们的确值得信赖"的心理学原理，对客户表示出自己的信任，并赞扬客户是一个遵守承诺、不会令他失望的人。这样，销售员就把一位"没带钱的随便看看"的人变成了他的客户。

第五章

卖『信任』胜过卖产品——冲破客户设置的『防火墙』

客户在面对销售员的推销时，总是本能地怀有一种拒斥心理。为了防止销售员的推销可能给自己造成的高风险，客户便在自己和销售员中间设置了一道厚厚的“防火墙”，使销售员无法接近客户。那么，作为销售员应该如何打破这道“心理防火墙”，让客户主动安装我们提供的那些“非病毒的有益程序”呢？最关键的一点就是我们要获得客户的信任，一旦客户在心里对我们产生了信任感，那么他们就会产生了解产品的兴趣，当他们发现产品确实有益无害的话，就会毫不犹豫地同意我们的“安装条款”。所以，卖“信任”胜过卖产品。

首因效应:价值百万的第一印象

《心理学新词典》是这样界定首因效应的:“在人际交往过程中,我们给对方在心理上留下的第一印象至关重要,亦即‘先入为主’。虽然这些第一印象并非总是正确的,但却是最鲜明,最牢固的,并决定着以后双方交往的进程。”

心理学家经过统计发现:在人际交往过程中的最初4分钟里,是印象形成的关键期,在这一时期形成的印象对一个人感观判断的影响占大概75%的比例。不管你给人留下的第一印象是不是真实的,以后别人都很难改变对你的看法,而且人们都会不自觉地为自己的想法找各种依据。

首因效应在销售中尤其重要,仔细想一想,作为销售员的你和客户初次见面时会有多长时间?相信肯定不会太长。那么,在这短短的时间内,如何让客户凭着对你的第一印象而对你产生信任感呢?让客户喜欢我们,起码不讨厌我们,是我们进行下一步销售乃至与其长期合作的前提。如果客户看见我们就觉得厌烦,那么我们是没有机会和对方一起交谈的,不管我们的产品或服务再怎么好。

尼蒙先生是一家制造企业的总裁,他曾经就碰到过这样一位不修边幅的销售员。

一天,一位钢材推销员来到尼蒙先生的办公室。这个推销员穿着一件领口和袖口都已经脏了的衬衫和一条皱巴巴的裤子,用含糊不清的话说:“早上好,先生。我代表洛斯钢铁公司……”

“什么?”尼蒙先生很不高兴地问,“你代表洛斯公司?年轻人,我认识洛斯公司的董事和经理,你错误地代表了他们。”

为什么这名销售员遭到了拒绝?很明显,他给尼蒙先生的第一印象就不好,所以尼蒙先生也就不会给他销售的机会。那么作为销售员,我们该如何塑造自己,让首因效应在销售中助我们一臂之力呢?

1. 着装要正确

美国一家调查公司发现,那些注重着装,职业形象较好的人,其工作的起始薪金比其他人要高出8% ~20%。事实上我们并不是追求奢华的服饰,但最基本要求是衣着整洁大方，打扮得体。

可以说，初次见面，90%的印象产生于服装。一般来说，衣着能直接反映出一个人的修养、气质。穿戴整齐、干净利落的销售员容易赢得顾客的信任和好感；而衣冠不整的销售员则会给顾客留下办事马虎、懒惰、糊涂的印象。

另外，你的形象还代表着整个公司的形象，就像尼蒙先生说的，他了解洛斯公司，这个推销员不能代表公司。如果你的客户以前没有和你的公司打过交道的话，那么他就会通过你给他留下的糟糕印象来判断你所在的公司不怎么样，产品肯定也好不到哪儿去。

在会见客户之前我们还要调查清楚他的身份，从而确定穿什么衣服。如果，我们会见的是企业主管，我们一定要穿得很正规。但是，如果你的客户是农民，那么你穿着西服打着领带感觉就不对了。所以要注意分清场合、时间、对象等，做到正确着装。

2. 修饰要适当

销售员修饰的原则是：简洁、干净、大方、自然。

举个例子，在外表方面应该注意：眼睛无论大小，一定要干净、有神，尤其是眼部的分泌物要及时清除。如果戴近视眼镜，镜框和镜片不能有破损。鼻子的清洁非常重要，分泌物过多应提前清除，鼻毛如果长到鼻孔外，应提前修剪。嘴的修饰要做到牙齿清洁，口腔无异味。初次见面前不要吃大蒜、葱等有刺激性气味的东西，即使吃了，一定要想办法尽快去除，如吃口香糖等。

此外，女性面部的化妆应适度，要分场合，在办公室要淡妆，在舞会等社交场合可以稍浓一些，但不能太夸张。男性的胡须应剃干净，如果想突出个性，则要修剪整洁。

3. 握手时要适度用力

据美国心理协会调查研究：不论是男性或女性，有力地握手有利于形成良好的第一印象。在与客户握手时要适度用力，并且稍微持久一些，保证完全握住，握手的同时还要有眼神之间友好的交流，这样做可以让客户感到你对对方很尊重，对这次见面很重视并且对双方的合作抱有很大的期待和热情。

总之，销售员在见客户时，一定要好好注意自己的形象，让首因效应为我们的销售过程清除一些障碍，迎来更多的成功。

热情待客，你的客户会因此被感染

心理学家经过调查发现，绝大多数人都喜欢和热情的人打交道，因为热情可以让人感到温暖和愉悦，使彼此产生信赖感，拉近陌生人之间的距离。每个人都害怕拒绝，如果你冷若冰霜，那么你传达给别人的信息就是你对他人有排斥感，不愿意与人交往，由于大家都怕碰钉子，所以也就不愿意与你交往了。销售员要想拥有更多客户，也必须了解这种人际交往中的心理现象，做到热情待人。

营销专家做过研究，热情在成功销售的案例中所占重要性比例为95%，而产品知识只占5%。这是因为没有一位顾客愿意从一位阴沉着脸的销售员那里购买商品。而热情则像一团火，可以感染到客户的心理和情绪，让客户不由自主地信任你、愿意接近你。

北京百货大楼著名的营业员张秉贵就被顾客亲切地称为“一团火”，他对顾客十分热情，就像一团火一样让顾客时刻感受到温暖。

一天中午，一位女顾客气呼呼地来到糖果柜台前，张秉贵微笑着对她说：“您好，您想买点什么糖？”“不买难道就不能看看吗？”说完，这位顾客连看都不看他一眼，绷着脸继续向柜台东头走去。张秉贵心想：“她一定是遇到了什么不顺心的事，她心情本来就不是很好，我热情一点，也许能让她消消气。”

于是，张秉贵和颜悦色地说：“最近到了一些新糖果，反映还不错，您想试试吗？”这位顾客有些不好意思，她没见过这么热情的销售员。她很抱歉地对张秉贵说：“对不起，刚才对您没礼貌，您不要见怪，我孩子不听话，我真想狠狠地揍他一顿！”

“教育孩子可不能光靠武力，我也有孩子，知道教育孩子的难处，孩子不听话了咱们应该……”张炳贵和这位顾客交谈了好长一段时间教育的问题，这位顾客的气也早就消了。顾客心想：自己对张炳贵出言不逊，而张炳贵不但没有怪她，反而以热情和真诚来对待她，这真是太难得了。于是这位顾客彻底被张秉贵感动了，临走时她买了二斤糖，还说：“您的服务态度真是太好了……”以后，这位女顾客每次到百货大楼，都要跟张秉贵聊一会儿，每次买糖也都到这里来买。

热情是缓解客户本能拒斥心理的有效方法，试想一下，客户怎么好意思拒绝一个对他态度热诚，处处为他着想的销售员呢？又怎么好意思拒绝一个在他有困难时给予及时主动帮助的人呢？所以只要你全心全意为客户热情服务，即使他没有看中你的产品，他也会在心里认可了你的销售态度，接受了你本人。

小姜是一位非常优秀的电脑推销员。有一天，一位顾客来到他的电脑直销店挑选电脑，那位顾客看了小姜细心介绍的所有的电脑之后，没有看中其中任何一款，正准备离开时，小姜热情地对他说：“先生，既然我们店里没有您满意的电脑，我可以帮助您到其他的电脑直销店挑选到您最满意的电脑。我是这里的推销员，对附近的电脑直销店很熟悉，而且还可以帮您砍价。”

这位顾客同意了小姜的请求，于是小姜带着那位顾客把所有的电脑店都看了一遍，还是没有挑选到他自己最满意的电脑。

最后，那位顾客对小姜说：“我还是决定买你的电脑。老实说，我决定买你的电脑并不是你的电脑比其他店里的要好，而是你对顾客热情、负责的精神感动了我。到目前为止，我还没有享受过这么热心周到的服务。”

结果，那位顾客从小姜那里买了好几台电脑，而且，那位顾客还在他的朋友圈内为小姜免费做广告，介绍了很多客户到他的电脑直销店来买电脑。

在这个案例中，如果小姜在接待客户时始终沉着一张“苦瓜脸”，说出的话语冷冰冰，客户要离开也不挽留，表现出那种爱买不买的态度，那么他又怎么能够得到客户呢？所以，销售员面对客户时一定要充满热情，用我们的热情去感染客户、打动客户。但是还要注意把握分寸，不能过分热情，否则会使客户觉得我们虚情假意，而引起戒备，无形中又增加了一道心理防线。

曼狄诺定律：微笑可以带来黄金

“微笑可以带来黄金”这条定律是美国作家 F. H. 曼狄诺提出来的，他主张人们应该多多微笑，微笑拥有巨大的魔力，尤其是发自真心的微笑。

美国著名成功学家戴尔·卡耐基说:“笑容能照亮所有看到它的人,它像穿过乌云的太阳,带给人们温暖。”可以说,微笑是世界上最美的行为语言,虽然无声,但最能打动人;微笑是人际关系中最佳的“润滑剂”,无须解释,就能拉近人们之间的心理距离。微笑之所以动人,之所以令人愉快,不仅是因为它在外观上给人以美感,而且它还传递、表达了可喜的信息和美好的感情,给人带来精神上的愉快和满足。

微笑的作用是巨大的,对于销售员来说更是如此。有一个笑话是这样讲的:

三个外科医生在炫耀各自的医术如何地精湛。

第一个说:“我给一个男人安上了胳膊,他现在是全国闻名的拳击冠军。”

第二个说:“我给一个人接好了腿,他现在是全球著名的长跑运动员。”

“你们的医术都算不了什么,”第三个说,“前不久,我给一个白痴装上了笑容。他现在是世界上最伟大的推销员了!”

这虽然是一则笑话,但它反映了微笑对销售员的重要性。在销售中,客户都想与一个面带微笑、具有亲和力的销售员来交谈,没有谁愿意对着一副冷冰冰的面孔。所以销售员一定要把握客户的心理,学会换位思考,将自己最美丽的微笑展现给客户。这样不仅可以使我们与客户之间的距离一下子缩短,而且容易使客户产生信任感,从而形成和谐友好的气氛。然后,我们再开始介绍产品,这样客户便容易把话听进去。你对客户微笑,客户在接受你的友好与善意后一般总要寻求回报,这种回报在可能的情况下,当然是购买我们的产品。所以,微笑是推销成功的助推器。

甚至有时候,一桩交易能否成功就取决于一个简单的表情——微笑。

几年以前,底特律的哥堡大厅举行了一次巨大的汽艇展览会。在展会期间,一家汽艇厂有一宗巨大的生意跑掉了,而第二家汽艇厂却用微笑把顾客挽留了下来。事情是这样的:

一位来自中东某一产油国的富翁,他站在一艘展览的大船旁对他面前的推销员说:“我想买艘汽船。”这对推销员来说是求之不得的好事,那位推销员很周到地接待了富翁,只是他脸上冷冰冰的,没有笑容。

这位富翁看着这位推销员那张没有笑容的脸,走开了。

他继续参观,到了下一艘陈列的船前,这次他受到了一个年轻推销员的热情招待。这位推销员脸上挂着欢迎的笑容,那微笑像太阳一样灿烂,使这位富翁有宾至如归的感觉,所以,他又一次说:“我想买艘汽船。”

“没问题!”这位推销员脸上带着微笑说,“我会为您介绍我们的产品。”他只这样简单地附和说。

最后,这位富翁果然交了定金,并且对这位推销员说:“我喜欢人们表现出一种他们非常喜欢我的样子,现在你已经用微笑向我表现出来了。这次展览会上,你让我感受到了我是受欢迎的人。”

第二天这位富翁带着一张保付支票回来,买下了价值2000万美元的汽船。

可见,有时候我们的客户并不挑剔,只是一个简单的微笑就可以满足他们想要受到他人欢迎的心理。所以销售员们千万不要吝啬自己的微笑,用微笑把客户留住。

另外,要注意的是销售员的微笑必须发自真心。矫揉造作、虚情假意的笑,只能让客户感到虚伪和赤裸裸的目的性,这样的笑只能增强客户的防御心理而不利于销售。所以销售员一定要本着真诚为客户服务的目的,用积极阳光的心态来面对客户,这样我们的笑才能够打动客户,并且我们也会发现原来工作也可以是一件令人快乐的事。

自信——客户认可你的先决条件

在客户的心里,他们不希望与毫无自信的销售人员打交道,因为客户认为如果连销售员自己都不信任自己的能力及产品的话,那么又有什么理由让我来信任他们呢?另外,自信的销售员也会让客户有一种找到了对手的感觉,如果能够在谈判中战胜对方,客户会觉得有一种成就感。所以,与不自信的销售员谈生意会使客户觉得是在浪费自己的宝贵时间。

因此,当你和客户会谈时,若能了解客户的心理,在言谈举止中流露出充分的自信,就会赢得客户的信任,而信任,则是客户购买你的产品的关键因素。导致一个销售人员业绩不佳的罪魁祸首就是他先对自己失去了信心,认为自己无法将产品售出。很多刚进入销售行业的新人在面对客户时常犯这样的错误,他们不敢和客户的目光对视,紧张、冷场、不知道怎么和客户沟通、总怕跟客户说错话引起客户的反感。他们越是不自信，在与客户的心理较量中就越得不到客户的信任，销售也就不容易成功，不成功则使得他们更加不自信，逐渐形成恶性循环。在屡遭客户的拒绝后，他们开始怀疑自己的能力，看到其他业务员的业绩是自己的几倍，他们觉得自己好像永远也比不上同事，于是有很多人便选择了放弃做销售的工作。

因此，要想成为销售高手，就必须调整好心态，让自己信心十足。销售员小陈就是靠着强烈的自信心来征服最难对付的客户的。

小陈是一家报社的广告销售员。刚到报社时，他对自己很有信心，向经理提出：不要薪水，只按广告费抽取佣金。经理轻视地笑了笑，答应了他的请求。

上班的第一天，小陈列出一份名单，准备去拜访那些其他销售员以前没有洽谈成功的客户。

在去拜访之前，小陈把名单上的客户念了十遍，然后大声说：“在第一个月，你们将向我购买广告版面！”然后，他怀着坚定的信心去拜访客户。

第一天，他和十个“不可能的”客户中的两个谈成了交易；第二天，他又成交了一笔交易……到第一个月的月末，只有一个客户还没有购买他的广告版面。

在第二个月里，每天早晨，小陈都去拜访那位拒绝他的客户。每次，这位商人都回答说：“不！”但是，小陈并没有因此而气馁，继续前去拜访。

直到那个月的最后一天，已经连着说了30天“不”的商人说：“你已经浪费了一个月的时间了！我现在想知道你为何要坚持这样做。”小陈说：“我并没有浪费时间，因为我一直坚信自己的能力，坚信在我们发行的报纸上登广告一定会给您带来收益，您一定会成为我的客户。”

商人点点头说：“你的自信确实征服了我。”于是，他终于和小陈签单了。小陈就是这样完全凭着自信达到了目标。

从小陈这个案例中，我们可以得出，自信是与客户在心理博弈中必不可少的心态，销售员千万不要对自己失去信心。因为，自信可以为我们的商品增色许多，甚至在有些客户看来，自信比我们的商品还要重要。销售人员如果在面对失败时仍然面带微笑，对自己说：“没关系，下次再来。”那么他们就能够客观地反省失败的销售过程，找出失败的真正原因，从而为重新赢得客户的青睐创造机会。

那么,销售员如何才能拥有自信呢?

1. 销售员要保持积极乐观的心态及良好的外在形象

(1)积极乐观的心态是自信的加油站,在遇到客户的拒绝、业绩不佳,信心受挫之时,只有乐观才能让我们看到希望的曙光,为我们鼓起继续拼搏的勇气和信心。

(2)良好的外在形象让销售员看起来精神百倍,从而帮助销售员建立起自信,所以,销售员在见客户之前应该注意一下自己的外在形象。

2. 做到知己知彼才能拥有自信心

(1)选择自己喜欢并且和自己知识、能力匹配的行业,了解所在行业的发展趋势、公司在行业内的竞争优势及发展前景,做到相信自己的公司和产品。

(2)了解自己产品的卖点及相对于其他产品的差异化优势。

(3)了解客户的真实的需求及愿意付出的成本。

3. 在销售前做好充分的准备

(1)在拜访客户之前要准备好产品说明、报价、样品、谈话的话题。

(2)要提前了解好客户是否是最终决策者及客户所属类型。

(3)要对竞争对手有一定的了解。

相信如果我们做好了充分的准备,无论客户提出什么样的问题我们都可以自信、自如地回答的。

诚实,让客户更加信任你

客户之所以对销售员怀有抵触的心理,很大一部分原因要归结于一部分销售员在长期以来有欺骗客户的行为。被骗的客户会同其他人讲:千万不要相信销售员,我是如何如何上了他们的当的。这样一传十、十传百,销售员在人们心中的印象就同骗子等同起来了,以至于一见到销售员大家就会说:“瞧,又来骗我的钱了!”客户对销售员避之唯恐不及,销售怎么能成功地进行呢?

在人们的心里,忠厚诚实的人更能够赢得信任,所以千万不要存在侥幸心理来欺骗客户,客户被你伤了一次心,就不会再信任你第二次了,无论你花多大的力气来挽回也无济于事。所以销售员一定要遵守做人的准则，以诚实赢得客户的心，维护销售员的职业形象。这样不但不会让我们受损失，反而会促进我们的事业，赢得更多的回报。

美国著名的销售员乔治·赫伯特就曾有过这样一次靠着诚实而取得销售成功的经历。

乔治的一位寿险顾客——达拉斯的房地产商莫内根先生来办公室找他，想委托他出售他在达拉斯郊区建造的十几幢房产。

"乔治，我的运气真是太差，建造那些房子的时候，我并没有考虑到距离房屋二十几里外的那条铁路上的火车会产生那么大的噪声。"莫内根先生向乔治抱怨，并希望乔治能帮帮他的忙，因为他知道乔治有很多关系很好的顾客。

乔治跟随莫内根先生实地察看了那些房子。确实如他所说，房子的质量、外观、周围环境都很不错，美中不足的就是：在房间里每天要听到三次火车经过的声音。本来，乔治可以向顾客隐瞒这一点的，但是他觉得这样做是不对的，销售员对待客户必须诚实。而且他觉得莫内根先生也过分地夸大了噪声的影响。实际上在房间里关上窗户，打开空调后，火车的噪声并没有想象中的那样大。

乔治采取的措施是，给房子的窗户再加一层，并给每幢房子配上一台电视。一切添置妥当后，乔治便带客户来看那些房子。

在火车还没有开过来之前，他带领顾客观看了周围的环境，然后进了一幢房子，向他们详细介绍了这些房子的一些基本情况，顾客们对房子还算满意。

他接着带领顾客们走进客厅，指着那台彩色电视机说："开发商将随同房子将这台漂亮的彩色电视机送给你们。他这么做是有道理的，他知道你们将不得不适应一段90秒钟的噪声，一天三次，但是很快地你们就会感到习惯的。"

这个时候，他转身将电视打开，将它调整到正常的音量后说："想象一下你和你的家人坐在这里，观看电视的情形。"接着他便停下来，等待火车驶过。在这段九十秒的时间里，每个人都听到了火车的声音。

"各位，我要让你们知道，火车一天要经过三次，每次一分钟，其余的时间大家都会在安静的环境中度过，"他向顾客坦诚地说明了房子的缺点，"现在，请各位想一下：你们愿意忍受这点小噪声来换得住在这栋美丽的房子中，并且拥有一台彩色电视机吗？”

大部分顾客表示可以接受，就这样，三周之后，房子全部售出。

作为销售员，我们能不能够做到像乔治这样坦诚地对待客户呢？恐怕这一点很难做到，一些销售员只想把自己的产品卖出去，为了卖产品，他们宁愿选择隐瞒产品的缺点甚至把缺点说成是优点。这样，他们虽然暂时售出了产品，但是可能会因此丢掉更多的客户，损失自己的声誉，对自己销售事业的发展是很不利的。

所以，我们应该像乔治一样，诚实地对待客户。要知道，再完美的产品都不能没有一点瑕疵，所以把产品夸得天花乱坠反而让客户产生怀疑。产品有问题不要紧，我们可以用一些巧妙的方法来使客户接受这些问题。老实地去对待客户，这样才能赢得他们的信任。

或许有些销售员觉得，如果我对客户毫无保留会使我的利益受损。对于这一点，销售员一定要把眼光放长远，虽然我们暂时损失了一部分小利，但我们得到了客户的认可与信任，这样，客户可能会带给你更大的利益。

有一次，一个公司想做一个10平方米的大屏幕。负责销售的小王经过具体的测量后发现“8平方米”的屏幕视觉效果更好，于是他把这一点告诉了客户，劝客户不要做“10平方米”的屏幕。

许多同事都说小王太傻，客户想做大一些的还不好？你实话实说损失了多少提成啊？

但小王却认为，如果他不跟客户说实话，而是按照客户的要求做了“10平方米”的，安装完毕后如果客户觉得不合适，虽然自己凭着一句“当初是你们要做10平方米的啊”就可以搪塞过去，但客户心里肯定会抱怨。我是专业人士，我应该给他们提出中肯的建议。

小王虽然损失了一笔提成，但他赢得了客户的信任。此后，这个公司又介绍了好几个客户给小王，小王的销售业绩也大幅提高了。

积极主动地为客户着想，“以诚相待，以心换心”是销售人员对待客户的基本原则，也是销售人员的基本素质。在销售过程中，你也会遇到小王那样的情况，最明智的办法就是选择放弃眼前的小利，以使自己获得更加长远的利益。

用小幽默调节销售过程中的氛围

心理学家认为:幽默是一种最富感染力、最具有普遍传达意义的交际艺术。幽默在人际交往中的作用是不可低估的,俗话说“笑一笑,十年少”,人们大多喜欢和具有幽默感的人交往,因为他们能给人带来一种心灵上的愉悦和轻松。在人们正襟危坐、言谈拘谨时,一句幽默的话往往能妙语解颐,让举座皆欢,气氛顿时变得活跃起来。

在销售中也是一样,交易的过程本身容易让客户在心理上充满了戒备与敌意,如果销售员能够适当运用幽默的技巧,就可以消除顾客心理上的紧张感,使整个商谈过程变得轻松愉快,充满人情味。所以,幽默的销售员更能获得客户的欢迎,取得他们的信任,促使交易走向成功。

可惜的是,许多销售员都忽略了幽默的作用,他们让整个交易过程保持在一种严肃的状态,使得原本就承受巨大心理压力的客户更加紧张、焦虑,对产品存在的一点点小问题他们都会严格挑剔。有时销售员沉闷的介绍也无法引起客户的兴趣,使得他们昏昏欲睡。这样销售肯定不会产生好的效果。所以我们一定要把握客户的心理,学会运用幽默调动起客户的情绪。

推销大师皮卡尔说:“交易的成功,是口才的产物。”销售员幽默的语言往往能在推销中起到化险为夷的作用。下面这两个案例中的推销员,就是在紧急时刻恰到好处地运用幽默来使自己避免了尴尬。

一名房地产经纪人领着一对夫妇向一栋新楼房走去,他想卖出一套房子给这对夫妇。一路上,他为了推销这房子,一直喋喋不休地夸耀这栋房子和这个居民区:“瞧这个地方多好!空气洁净,遍地鲜花绿草,这儿的居民从来不知道什么是疾病与死亡。谁也舍不得离开这里。”碰巧就在这时,他们看见一户人家正在忙碌地搬家。这位经纪人马上说:“你们看,这位可怜的人……他是这儿的医生,竟因为很久一段时间无病人光顾,而不得不迁往别处开业谋生了!”

推销员乔治口才甚好,而且反应敏捷,善于随机应变。一次,他正在推销他那些“折不断的”绘图T字尺:“看哪,这些绘图T字尺多么坚韧,任凭你怎么用都不会折断。”为了证明他所说的话,乔治捏着一把绘图T字尺的两端使它弯曲起来。突然“啪”的一声，原本完好的T字尺顿时变成两截塑料断片了。机灵的乔治把它们高高地举了起来，对围观的人群大声说：“请仔细看看吧。女士们，先生们，这就是绘图T字尺的内部的样子，咱们拆开看看，瞧它的质地有多好呵！”

幽默的人走到哪里就会将笑声带到哪里，如果你是一个幽默的销售员，那在整个交易过程中，将会给客户带来很多快乐，使客户倍感轻松。所以，在销售过程中，幽默是最好的润滑剂，当你和客户发生摩擦时，不妨来点小幽默吧，融洽你们对立的气氛，更快地达到彼此合作的目的。

但是在运用幽默时，我们还要注意以下几点：

1. 幽默要适度

在销售中，适当讲一些小笑话，能迅速降低客户对你的敌意，促使推销成功。但千万不要过度，如果掌握不好分寸，会给客户留下轻浮、不可靠的印象。

2. 要注意幽默的内容

可以对一些紧急出现的尴尬场面进行调侃幽默，但不要拿客户的一些私人问题进行说笑，以免引起对方的不快，使客户觉得你不尊重他，并且一定要做到措辞明了，避免引起误解。

3. 幽默要区分客户

在打算轻松幽默一番之前，最好先分析我们的客户是否喜欢幽默，一定要确信不会激怒对方。譬如，当我们与一些银行家打交道的时候，明知道他一本正经，喜欢直截了当，却偏要故作幽默，这样就不好收场了。

巧妙地赞美和恭维你的客户

美国心理学家威廉·詹姆士说过：“人类本质里最殷切的需求是渴望被人肯定，最深远的驱动力是希望具有重要性。”在生活中，人人都想听到别人的赞美和恭维，我们无论做什么，都希望能够做好，得到别人的认可，有了赞美，我们做事的热情就会高涨。无论是赞美他人还是被他人赞美，都能给自己和他人带来一份心理满足和快乐，一句轻轻的赞美，也许就会让你赢来别人对你的好感，获得一份友谊。

渴望受到赞美是人的天性之一，我们的客户也不例外。在销售中，销售员不妨抓住客户的这种心理，让客户的自尊心和荣誉感得到满足，这样，客户听到我们对他的赞赏，并感到愉悦和鼓舞，就会对我们产生亲切感，从而使彼此之间的心理距离缩短、靠近。客户与我们之间的融洽关系就可以从这里开始，接着就可以很容易地转入交谈中。

赞美客户，不但能让对方快乐，同时也会使我们自己获得满足。这里有一个人性规律：若你不能为别人增加快乐，那么，你也就不能为自己增加快乐。因此，如果我们每天都适当地赞美你的客户，那么，我们将感觉到自己的快乐指数也在不断上升。我们的快乐和积极的心态也会感染到客户，这样，成交也就变得更容易了。

下面是一个通过赞美的方法来接近客户的范例。

销售员小孟以稳健自信的步伐走向王经理，当视线接触到王经理时，他微微点头行礼致意，将视线放在王经理的鼻端。当走近王经理时，他停下向王经理深深地点头行礼。小孟此时面带微笑，先向王经理问好以及自我介绍。

小孟：“王经理，您好，我是大华公司的销售员小孟，请多多指教。”

王经理：“请坐。”

小孟：“谢谢。非常感谢王经理在百忙中抽出时间与我会面，我一定要把握住这么好的机会。”

王经理：“不用客气，我也很高兴见到你。”

小孟：“贵公司在王经理的领导下，业务领先业界，真是令人钦佩。我浏览过贵公司的网站，知道王经理非常重视网络营销，现在很多客户都从网上购买产品了。使用这种方式营销您在业内是榜样啊！”

王经理：“我们销售的产品是网络办公设备，我们的客户以高科技企业为主。随着网络的普及，这些客户都开始从网上来寻找自己需求的产品，我们做自己的网站的目的是为了方便客户在网络上查询产品、了解产品，提高我们的销售效率。”

小孟：“王经理，您的理念确实反映出贵公司的经营特性，很有远见。我相信贵公司在销售方面已经做得非常成功了。我向您推荐一个网站推广的方案，这个方案可以使客户更容易发现您的产品和服务，这样不仅能提高销售额，也有很好的广告效应，使您的公司和产品具备更大知名度。”

王经理:“网站推广方案?”

小孟:“是的。王经理在销售方面的经验和成绩深得业内人士尊重,在我来之前,已经对您辉煌的销售业绩和卓越的管理能力有所耳闻。其实网站的目的不仅仅是为了让客户从网上查看产品功能和了解公司,更重要的是能让客户有产品需求时随时随地发现您,继而登录到您的网站去查看他所需要的信息。如果没有适当的网站推广,客户如何才能发现您可以提供给他所需要的产品呢?”

王经理沉吟片刻,然后说:“说说你的提案吧!”

在这个案例中,小孟首先把能够与王经理见面说成是一次难得的机会,这样,让王经理感到自己是个重要人物,从而使他在一开始能在心理上接受小孟,愿意继续听他讲下去。接着,小孟进一步赞美王经理的销售业绩、对网络营销的重视及经营理念的先进,钦佩他的能力与眼光,这样,让王经理的心理得到了满足,从而对小孟有了更多的好感。最后,小孟再提出自己的网络推广方案能够给王经理带来的更多的好处,引起他的兴趣,王经理也就不会本能地拒绝了。通过不断的、适当的赞美,小孟打开了王经理的心理防线,让客户愿意认真听他的建议,这样就为接下来的推销打好了基础。

然而,赞美也是一门艺术,要做到轻松自如,得心应手,也需要一定的技巧。那么,在赞美客户的时候,我们应该注意哪些呢?

1. 赞美要选择适当的目标

就个体顾客来说,个人的长相、衣着、举止谈吐、风度气质、才华成就、家庭环境、亲戚朋友等,都可以给予赞美。就团体顾客来说,除了上述赞美目标之外,企业名称、规模、产品质量、服务态度、经营业绩等,也可以作为赞美对象。不论是赞美个人还是赞美集体,不论是赞美人物还是赞美事物,都应该选择最佳赞美目标。如果推销人员胡吹乱捧,则必将弄巧成拙。

2. 赞美要把握分寸

事实上,不合实际的、虚情假意的赞美,只会使客户感到难堪,甚至会产生反作用,导致顾客对推销员产生不好的印象。因此,推销人员赞美客户,一定要诚心诚意,一定要把握分寸。

对于年老的客户,应该多用间接、委婉的赞美语言;对于年轻的客户,则可以用比较直接、热情的赞美语言。

面对严肃型的客户，赞语应自然朴实，点到为止；对于虚荣型客户，则可以尽量发挥赞美的作用。

3. *赞美不一定适合所有客户*

有些客户不愿意与销售员做过多的交谈，更不愿意被人评头品足、说三道四，尤其不喜欢销售员触及自己的个人或家庭私事，认为他们的所谓赞美只不过是一种愚弄客户的手段而已，所以对这种赞美不以为然，甚至十分反感。因此，销售员要注意这一点。

共同意识：多谈谈彼此都熟悉的人或物

心理学研究表明：对方越感到你是"自己人"，那么你们谈到一起的概率就越高，彼此融洽的速度就越快。人与人之间相处时，喜欢找出彼此的"共同点"，人们总是更愿意同与自己具有相似之处的人交往，这种相似可以是个人嗜好、性格特征、生活习惯、穿着谈吐，经历见闻等等。总之，相似点越多，彼此之间的亲和力就越强，就越能接纳和欣赏对方，也就越容易沟通。所谓的"物以类聚、人以群分"就是这个道理。

有一个人参加竞选，他的助选员发现，一般选民认为他属于高层社会，与自己毫不相干，所以对他的参选表现出冷漠的态度，于是他们便把宣传的重心置于他是四个孩子的好爸爸。选民知道这位被选举人有四个孩子，而且又是一位称职的父亲之后，对他产生了亲切感，这位人士最后以高票当选了。

销售也是同样的道理，销售员要懂得客户的这种心理，见到客户应该先建立彼此的共鸣，不要直奔主题。讲产品那是你的专长，而非客户所了解的领域。所以，你讲得越多客户越反感，信赖感就越不容易建立。有时客户还会为难你："是你的产品好还是你们对手的产品好？"在这时候，你怎么回答都不对，说自己的好，他肯定说你自卖自夸，不可信。你说你不了解对手的情况，那他就会说你连同行都不了解，不够专业。

因此，在进入主题之前，尽量先谈一些无关的话题，例如，彼此的经验、嗜好或家庭，让双方多了解一下，发现二者的共同点。这样，在初次会面，他就会对你产生好感，觉得和你一见如故，信任感也就油然而生。

所以，销售人员不能认为只要对自己的产品熟悉就可以了，要花更多的时间去了解客户。这样才能和客户产生共同语言。

一名寿险销售员要把保险推销给大学教授张先生，一位很有威望的动物学专家。当走进张先生的办公室后才发现，他是一位“顽固”的先生。

张先生对自己以前的保险代理人不满意，认为他没有向自己提供较为完善的保险计划。

见面后，张先生细致地介绍了他目前的保险安排和为了适应环境变化所作的调整计划。并问了很多技术性问题。销售员觉得，张先生问这些问题的目的并非是想知道答案，而是考查他的知识。于是这位销售员屡次想要把他们的谈话引入正题，张先生根本不给他这个机会。

销售员觉得自己是在浪费时间，对这次会面不抱什么希望了，于是他准备告退。这时张先生接了一个电话，无意中销售员听到他下学期要开一门关于考拉熊的课程。在电话结束后，他便和张先生谈起了这种澳洲的小动物。

“你知道考拉熊?”张先生的表情让销售员感到两个人之间的距离一下子拉近了。

“这确实是一种很可爱的小动物。以前我看过有关的报道，并非常喜欢它们。”推销员实事求是地回答。

于是，销售员便开始向张先生请教起考拉熊的问题，这时，张先生的态度彻底改变了，他不再提问，而是对销售员关于考拉熊的提问给予详细的回答，二人越谈越开心。

那天，销售员除了从张先生那里知道了许多有关考拉熊的专业知识外，更重要的是还收获了一张保单。

在这个案例中，销售员在销售即将结束的时候发现他和客户的共同爱好——考拉熊，于是，开始把话题从保险转移到客户擅长的动物学领域，这样双方一问一答，讨论得非常投机，交谈氛围变得融洽起来，张先生对销售员的信赖感也就随之产生。这样，成交也就不再是什么难事了。可以说，销售员的这张保单是考拉熊带给他的。

提出对方容易接受的条件，击溃对方戒备

美国著名经济学家弗里德曼和人类学家弗雷泽曾做过这样一个实验：他们让两位大学生分别访问郊区的一些家庭主妇。其中一位首先请求家庭主妇将一个小标签贴在窗户上或在一个关于美化加州或安全驾驶的请愿书上签名，这是一个对家庭主妇来说很小的、无害的要求。

两周后，另一位大学生再次访问家庭主妇，要求她们在今后的两周时间里在院内竖立一个呼吁安全驾驶的大招牌。该招牌很不美观，这是一个很大的要求。结果答应了第一项请求的人中有55%的人接受这项要求，而那些第一次没被访问的家庭主妇中只有17%的人接受了该要求。

心理学家认为，在一般情况下，人们都不愿接受较高较难的要求，因为它费时费力又难以成功；相反，人们却乐于接受较小的、较易完成的要求。当人们先接受了一个小的要求后，为了保持前后形象的一致，他就可能会接受较大的要求。这就是“登门槛效应”，又称“得寸进尺效应”，即先得寸再进尺，往往能顺利实现目标。

所以，前一组的家庭主妇同意率之所以超过半数，是因为在这之前对她们提出了一个较小的要求；而后一组的家庭主妇同意率之所以不足20%，是因为在这之前没有对她们提出一个较小的要求。

在销售中，我们也可以通过“得寸进尺效应”来影响客户的心理，以达到我们销售的目的。也就是说，先提出客户容易接受的条件，击溃对方的心理防备，然后在我们的引导下，让客户自己主动提出购买的想法。

比如，当顾客选购衣服时，精明的售货员为打消顾客的顾虑，会“慷慨”地让顾客先试一试。当顾客将衣服穿在身上时，他会称赞该衣服很合适，并周到地为顾客服务。在这种情况下，当售货员再劝顾客买下时，很多顾客就难于拒绝了。

一天，为了打发等人的无聊时光，张女士在商场的时装区里闲逛。

“小姐，今年的最新款，您喜欢可以试试。”一位热情的导购小姐向张女士介绍。

“哦，我只是随便看看。”张女士说。

“没有关系，不过，我觉得这款特别适合您，您可以试试？”

张女士摇头。

“我卖衣服好几年了，根据您的气质我就知道您穿什么样的衣服好看。不信您可以试试效果怎么样。”

“没事儿，您试完了不买也没关系，您就当尝试一下全新的风格，如果真的适合，您以后买衣服就又多了一种可选择的风格，是不是？”导购小姐一边说一边将衣服从衣架上摘下来放在她手上，张女士只好去试衣间试衣服。

“您看，我说得对吧，多好看，简直就像给您量身定做的一样！”

张女士对着镜子看了一下确实不错，就这样，在本来并没有购衣计划的情况下，她买了那件衣服。

如果销售员推销的产品是客户一时难以接受的产品（如，保险、医疗设备、大宗器械等）时，我们利用这个心理效应会更有效。

我们来看下面的案例：

销售员小赵来到客户家里进行拜访。

“您好，我是某某保险公司的推销员。”

客户：“哦，是推销保险的。”

小赵：“您别误会了，我的任务是宣传保险，如果你有兴趣的话，我可以义务为您介绍一些保险知识。”

客户：“原来是这样，请进。”

在接下来的交谈中，他像是叙说家常一样，向客户详细介绍了有关保险的全部知识，并将参加保险的利益以及买保险的手续有机地穿插在介绍中。

最后，小赵说：“希望通过我的介绍能让您对保险有所了解，如果您还有什么不明白的地方，可以随时和我联系。”

然后小赵递上自己的名片，直到告辞，他也只字未提卖保险的话题。可是第二天，客户便主动给小赵打电话，要求买一份保险。

从那以后，小赵卖出的保险一天比一天多。

客户对“推销保险”本身怀有一种戒心，所以直接进行销售，成功的机会非常小。而避开“推销保险”这一敏感话题，以“义务宣传员”的身份接近客户，只字不提让客户买保险的事，反倒能使客户放松戒备。当客户了解到保险对其自身的好处时，自然会主动购买。

小王是X光机器推销员，他利用同样的心理战术，把X光设备卖给了某市一家最大的医院。那家医院当时正在扩建,准备成立全国最好的X光科。张大夫负责X光科主要业务,饱受推销员的骚扰,他每次见到推销员都避之唯恐不及。小王比其他人更懂得客户的心理,他给张大夫写了一封信,内容大致如下:

我们的研究院最近完成了一套新型的X光设备,第一批刚刚运到我们的办公室,它们并非十全十美,我们很想改进它们,如果您能抽空来看看并提出宝贵的意见,使它们能对医学界有更多的帮助,那我们将深为感激。我知道您十分忙碌,我乐于在你指定的任何时候,派车去接您。

接到这封信,张大夫很意外,也很欣喜,以前从没有任何一家X光机器生产厂向他请教问题,这使他觉得自己很权威。那个星期,他每天晚上都很忙,但他还是推掉了一个重要的会议,以便去看看那套设备。结果,他看得越仔细,越发觉这套设备功能先进、使用便利。最后,张大夫买下了那套设备。

在这个案例中,小王同样并没有直接把产品推销给客户,而是提出让对方容易接受的条件:给设备提一些改进的意见。使客户来主动了解产品性能的优越,从而主动购买。

可见,在直接销售行不通时,我们不妨利用客户的心理,换一个角度来销售。你会发现这样更容易切入客户的兴趣点,赢得销售成功的机会。

第六章

引导客户说『是』——营造认同感，俘获『上帝』心

在销售中，最难的事情莫过于获得客户的认同了，只要客户能够认同我们及我们所销售的产品，那么交易也就完成一大半了。所以，销售员在销售中应该善于运用一定的技巧方法来营造客户的认同感。本章就着重为读者介绍了一些卓有成效的方法，如心理暗示、特定问题的提问、利益引导法等，来帮助销售员俘获“上帝”心。

让客户一开始就说“是”

世界著名推销大师托德·邓肯在推销时，总爱向客户问一些让他们回答“是”的问题。他发现这种方法很管用，当他问过五六个问题，并且客户都答了“是”，再继续问其他关于购买方面的问题，客户仍然会点头，这个惯性一直保持到成交。于是，他急忙请了一个内行的心理学专家为自己设计了一连串的问题，而且每一个问题都让自己的准客户答“是”。利用这种方法，托德·邓肯缔结了很多大额保单。

托德·邓肯开始搞不清其中的原因，当他读过心理学上的“惯性”后，终于明白了，原来是惯性化的心理使然。并且，在谈话一开始就让客户说“是”，可以将客户的心理导向肯定的方向。这也好比运动员击打棒球：向前方把球击出并不难，但是想要球沿着一个方向再反弹回来，就没那么容易了。然而，如果一开始就让客户说“不”是非常不利于推销的。美国心理学家阿弗斯特在《影响人类的行为》中说道：“一个‘不’的反应，是最难克服的障碍。一旦一个人说出‘不’以后，出于自尊心，他总是会固执己见。可能过后他会觉得当时的‘不’是不恰当的，然而当时他必须要坚持。所以，一开始使人采取肯定的态度极为重要。”

很多刚入行的销售员在初见客户的时候不知道怎样开口说话，好不容易找到了目标客户，憋了半天才说出：“请问您对某某产品感兴趣吗？”“想不想接受我们的服务？”之类的问题。面对这样的问题，客户会本能地回答“不”或者“没有”，刚开始便否决了销售员，使销售员无法继续下面的谈话。

优秀的销售员可以让顾客的疑虑统统消失，秘诀就是尽量避免谈论让对方说“不”的问题。而在谈话之初，就要让他说出“是”。因此，在拜访客户之前，首先就要准备好让对方说出“是”的话题。尤为关键的是想办法得到对方的第一句“是”。它是整个销售过程的关键。

一个图书销售员走上一级台阶，穿过一扇半掩的门，看见了屋里的女主人。

如果他不太聪明的话，他会直接问：“你想买一套美丽的故事书给孩子吗？”

女主人肯定会说:“不需要!”然后就用力把门关上。

可是,聪明的推销员是不会以这种方式开始与他人谈话的。他会说:“太太,你有一位少爷和一位小姐在中心小学读书吧?”

“是啊!”

销售员的提问得到了女主人肯定的回答,这样,在不知不觉中,他已经接近了女主人。虽然,他不一定能从她这里拿到什么订单,可是,至少他已经有了一个良好的开端。如果对方以“不是”回复了我们的建议,这就说明他认为已经没有继续谈下去的必要了。

下面这个案例中的詹姆斯·艾伯森就是一个善于让客户说“是”的销售员,从而让不想遵从规定的客户改变了注意,并且还办理了新的业务。

詹姆斯·艾伯森是纽约一家储蓄所的推销员。一次,一个人来到储蓄所要开个户,艾伯森照例让他填一些表。可是,这位先生显然是不想这么麻烦,他很多问题都不想回答。

以往这种情况,艾伯森会根据储蓄所的规定对客户下“最后通牒”,但是,今天他打算不谈银行的规矩,而是谈客户的需求。

“先生,是的,你拒绝填写的那些资料,并不是必须要填的。”艾伯森笑着对客户说。

“我就说嘛,这些可以不填。”

“然而,”艾伯森接着说道:“假如你把钱存在银行,一直到你去世,难道你不希望把这个钱转移给你有权继承的亲属吗?”

“是的,当然。”他回答道。

“难道你不认为,”艾伯森继续说道,“将你最亲近的亲属告诉我们,使我们在你有事的情况下能够准确无误地实现您的愿望,这是一个好的办法吗?”

他又说:“是的。”

当这个客户知道了银行是为了他好之后,马上就把资料填好,还另外开了一个信托账户。

我们从这个故事可以看到,当艾伯森一旦使得客户开始说“是,是”的时候,客户早就把他们之间的争执抛开,并且按照艾伯森的提议做了。

所以说,在一开始就使客户采取肯定的态度极为重要,因此,推销员在刚开始一定先对客户强调,并且坚持不断地强调你们具有相同的观念,从而拉近和客户的距离,让客户心理上产生认同感。

那么,如何让客户一开始就认可我们、对我们说“是”呢?

1. 与客户交谈的语言要同步

中国有句古话:“话不投机半句多。”如果客户感觉与我们交谈有分歧,当然下面就会说“不”了。那么如何与客户实现语言同步呢?首先就是要掌握客户前几句话经常用到的词语,把握客户的语言特点,然后用相同或相似的语言与之沟通,就能产生很好的语言感召力。

比如,客户提到“……车子外壳很不错”,推销员就可以使用“漂亮、结实的……汽车外壳……”找到共同的语言,要求推销员和客户讨论共同的话题。

2. 与客户的行为动作要同步

销售员想找到与客户的共鸣点,就必须学会用客户的表征系统来沟通,然后有效地传达我们的信息,减少对方说“不”的机会。

客户的表征系统主要分为:视觉表征、听觉表征、感觉表征等。例如:推销员在与客户交谈中,客户的眼神总是非常自然地扫过或停留在一处事物上,那么我们也要在交谈中,自然地将眼神放到该“事物”上。在共同的表征中,可以造成共同或相似的心境,双方非常容易沟通。

3. 给客户多提出一些封闭式的问题

与开放式问题相比,向客户提封闭式问题更能够得到肯定的答案。这是因为,开放式问题是指那些没有明确指向性的问题,比如,“您今天下午有时间吗?”如果我们这样向客户提问的话,那么客户很可能会说“没有时间”。如果在提问的时候给客户限定一个范围,比如,“您是下午三点有时间,还是五点有时间?”这就是封闭式问题。当我们这样问时,客户就会被我们的思路所牵引,思考自己是三点还是五点有时间。然而不管客户的回答是几点钟,都是对我们的肯定回答。

例如,推销员不能问客户:“你想买汽车吗?”而是应该说:“你想要小排量的还是大排量的汽车?”如果你用后面这种二选一的问题,你的客户就无法拒绝你。相反地,如果你用前面的问法,客户很可能会对你说:“不,我暂时还没有这个打算。”

有个故事说,两家馄饨摊位置一样、规模相近,可卖出的鸡蛋的数量却不一样。供应鸡蛋的人很纳闷,有一天,他去考察时才发现,两家老板问客户的问题不一样。一家采用开放式提问:“您要不要鸡蛋?”鸡蛋就卖得少;另一家老板问的是封闭式提问“你要一个鸡蛋还是要两个呀?”他的鸡蛋卖得就多。所以,销售员在销售的实践中,要尽量运用封闭式问题来把握交谈的方向和内容,让客户用“是”回答,以便顺利达成交易。

总之,销售员要掌握好客户的心理,在销售中,一开始就让客户说“是”,把客户引导到肯定的方向上来,使下面的谈话变得更容易,从而轻松达成交易。

重复说明一个重要讯息,加深客户的印象

在人的潜意识当中,如果不断重复地听到一些人、事、物,那么这些人、事、物就会在潜意识里变成事实,得到人们的认可。心理学上把这种现象称之为重复定律。如果在销售中,销售员能够善于运用重复定律的话,对产品能满足客户需求的特点反复说明,那么它将会在客户在头脑中形成清晰的印象,促使客户认同产品,从而下定购买的决心。

甲乙两个不同的销售员在卖同一款相机,然而取得的销售效果却不同。

甲:“嗯,这么说,您决定购买一款相机啦?”

顾客:“是,不过一定要全自动的。我想把它作为礼物送给女儿,她不会使用相机,所以一定要容易使用的。”

甲:“您的预算大概是多少?”

顾客:“1200 元左右吧。”

甲:“好的。我觉得 × × 型这款相机挺符合您的要求,目前特价,只售 1000 元,物超所值。在同类型中它的性价比最高……”

顾客:“嗯……”

甲:“另外它还具有超高速快门,就是说……”

顾客:“对不起,使用起来是否方便容易呢?”

甲:“我正要介绍……”

顾客:“让我先考虑考虑再说吧。”

我们再来看看乙是如何销售的。

乙:“嗯,这么说,您决定购买一款相机啦?”

顾客：“是，不过一定要全自动的。我想把它作为礼物送给女儿，她不会使用相机，所以一定要容易使用的。”

乙：“容易使用，好的。那您的预算大概是多少呢？”

顾客：“1200 元左右吧。”

乙：“好的。我觉得 ××型相机挺符合您的要求，目前特价只要 1000 元，这是在您预算范围内最容易使用的相机，完全自动。您女儿所要做的只是选取好想要照的景象，然后按下快门就可以拍照了，就这么简单。”

顾客：“嗯……”

乙：“输出也十分容易，只要用数据线连接电脑即可。”

顾客：“就这么简单？”

乙：“就这么简单！它是全自动的，使用起来很简单。您打算今天就买吗？”

顾客：“现在有货吗？”

乙：“当然。”

顾客：“好吧。”

上述案例中，销售员甲和顾客的对话为何会结束得这么快呢？这是因为甲的注意力集中在产品的各种功能和性价比上，因而忽略了去满足顾客的特定需求了。尽管该相机具有许多特色，但顾客只想给女儿买款容易使用的相机，所以顾客没有接受销售员的推荐。

销售员乙又是如何做的呢？他听到顾客的特定需求是一款使用简单的相机。于是他就为顾客描绘了一幅如何轻松使用本相机的情景，并将对方的特定需求重复了四次。通过不断重复“自动”和“使用简单”这类词语，加深了顾客的印象，所以顾客认同了乙的推荐。

所以，销售员要先倾听顾客的需求，当顾客提出的需求十分明确时，就可以通过使用重复定律，来引导客户在心理上认可产品。

如果可能的话，销售人员在重复产品能满足客户的需求时，要使用感性的语言。我们可以把创造感觉法与强化印象法一起运用，这样能让语言产生一种无形的推动力与感染力。比如，你卖的是按摩床垫，如果客户身材比较胖，想减肥的话，那么你就可以突出床垫通过按摩人体的特定穴位来达到辅助减肥的功效。你可以说：“使用了这种床垫，你每天晚上躺在床上，睡着的时候脂肪都在自动燃烧，那种变苗条后的轻松感觉是多么地痛快和舒服。”这样，你通过感性的语言帮客户想象了减肥成功后的感觉，同时强化了产品在客户心中的印象，客户自然会想要马上拥有这种产品。

另外，我们还可以用一些短句来达到强化印象的目的，如，“你不可能忘记”、“这不可能忘掉”、“这么美妙的东西，相信你会记住”、“也许你会常常想起”、“这将会给你留下深刻的记忆”。我们还可以这样说：“你的孩子会因此而感激你的”、“你的妻子会永远记得你送给她这么一份美妙的礼物”。

相信如果我们能猜透客户的心理，再运用这些小方法，一定可以将客户的心紧紧吸引住，从而销售成功的。

暗示客户不购买会遭受的痛苦，刺激其做出购买行为

美国的一位心理学家在一份研究报告中指出，在谈判中，如果能针对“怎样避免消极、不快的后果”这一方面来提一些建议的话，说服对方的可能性将更大。因为，人们对于痛苦的恐惧会通过人的想象力得到数倍的放大。那么，人在失去一样东西时的痛苦强烈，还是得到同样东西的快乐强烈？答案是失去的痛苦比得到的快乐更强烈。

所以，在销售中，如果销售员对客户正面引导无法奏效的话，不妨利用人们的这种心理，采取暗示的方法，让客户意识到不购买可能会遭受的损失及痛苦，以此来刺激客户做出购买的决定。

富兰克林不仅是美国的一位伟大的政治家，而且是一位伟大的营销专家。他说服别人的方法后来被人们称为“富兰克林销售法”，常被销售人员广泛地运用到销售中去。该方法的核心内容是，把客户购买产品所能得到的好处和不购买产品的损失一条一条地列出来。

如果你买了我们的产品，你将得到的好处是：

第一个好处是……

第二个好处是……

第三个好处是……

第四个好处是……

…………

如果你不买我们的产品，你会受到的损失是：

第一个损失是……

第二个损失是……

第三个损失是……

第四个损失是……

…………

就这样把好处和坏处一起列举出来，用对比暗示的方法刺激客户的心理，让客户自己在权衡判断后主动做出购买的决定。

把“富兰克林销售法”运用得最好的是日本著名的汽车销售员奥诚良治。

奥诚良治曾连续16年成为日产汽车公司的销售冠军。为了能卖出一辆汽车，他详细地准备了一份资料，这份资料共记有客户购买此种汽车后的优点及不购买的不便，整整100条。这样，奥诚良治在与客户打交道时就显得胸有成竹，应付自如。

还有一家知名的彩券公司也深谙客户的这种心理。

这家公司过去常常使用“你可能会成为大奖得主！”的标语，结果效果不佳。后来，在咨询了销售专家的意见之后，他们把标语改成了“你或许已经是大奖得主了！”结果，公司的营业额竟然倍增。

为什么会发生如此巨大的变化呢？因为这个标语让客户感觉自己可能会失去一些宝贵的东西，让他们产生担心和不甘，从而激发了他们的购买欲。

所以，销售员可以常常利用客户的这种害怕由于放弃购买机会可能造成损失的心理，在开展销售活动时，不仅要介绍客户买了产品之后会获得什么，也要让客户知道不购买会失去什么，两方面都要让客户意识到，从而增强说服力，促进交易的成功。

以体验的方式，让客户自己对自己进行心理暗示

一般说来，人们在决定购买之前总希望彻底了解产品，包括它的用途、性能、造型、颜色、味道、手感等等，有些顾客还喜欢亲手触摸和试用产品。

所以,销售员应该想方设法展示你的产品,而且要记住,给顾客提供一个亲自体验产品的机会,把顾客的视觉、嗅觉、听觉、味觉、触觉充分调动起来,来满足顾客的心理。如果你能吸引住顾客的感官,让他们感到你所销售的产品确实能够满足他的需求,帮助他解决问题,那么,产品才能受到客户的青睐。

乔·吉拉德也说过,每种产品都有自己的独特之处,只有让顾客亲自体验产品,让产品作无声的介绍,默默地推销自己,顾客才能真正感受到产品的价值,才能认可、信赖产品。同时,推销员也可以抓住这个机会,找到客户的需求,及时地把产品的"卖点"推出去。

乔·吉拉德特别善于推销产品的味道,与一般的推销员"请勿触摸"的做法不同,他在推销汽车时,总是想方设法让客户先"闻一闻"新车的味道。

他让客户坐进驾驶室,握住方向盘,自己触摸操作一番。如果客户住在附近,乔·吉拉德还会建议客户把车开回家,让他在自己的太太、孩子面前炫耀一番,客户会很快地被新车的"味道"陶醉了。根据乔·吉拉德本人的经验,凡是坐进驾驶室把车开上一段距离的客户,没有不买他的车的。

与乔吉拉德的做法相类似,一个推销员曾把一块透明塑料布样品递给一个汽车经销商,然后对他说:"请你摸一摸这块塑料布,试试看能否把它撕烂。"

为什么推销员要客户这样做呢?因为推销员知道这位汽车经销商有50多辆汽车存放在露天停车场,需要东西把汽车盖起来,以防风吹雨淋。推销员在推销时首先让顾客亲自检验一下产品的质量,当客户发现塑料布不容易撕烂时当然会认为它是盖汽车的好材料,这样就引起了客户的注意,以坚定其购买的决心。

然而,并不是所有产品都适合让客户亲自体验,我们在利用这种方法时必须注意以下几点:

1. 产品本身必须具有一定的吸引力,能够引起顾客的注意和兴趣,这样,才能达到接近顾客的目的。在顾客看来毫无特色、毫无魅力的一般商品,没有必要采用这种方法。

2. 产品本身必须适合客户亲自体验。如果你的产品是重型机床、推土机等就不适合这种方法。但是,业务员可以利用产品模型、图片等作为媒介接近顾客。

3. 产品必须是有形的实物，可以直接作用于顾客的感官。看不见摸不着的无形产品或劳务，是无法使用这种方法的，如：人寿保险、旅游服务等。

4. 产品本身必须质地优良，经得起顾客反复接触，不易损坏或变质。销售员平时应准备一些样品，并注意加以保养，以免在顾客操作体验时出毛病，影响推销效果。

让第三方为你说话，这种心理暗示更有效果

在客户心里，对于陌生的销售员，他们总是难以彻底消除抵触感与不信任感。如果这时能够有一位客户所熟悉并认可的中间人为销售员担保的话，那么这就好像给客户吃了一颗定心丸，让客户感到放心。

所以，销售员可以利用客户的这种心理，在碰到难以接近的客户时，销售员不妨充分利用一下自己的人际关系，找到能让自己和客户都信任的第三方，借助第三方的力量来取得与客户面谈的机会，并让第三方适当为我们说好话，来提高销售的成功率。

销售员艾瑞·戴西就是利用这种方法取得成功的。

罗伯特·舒克是一位著名的作家，他因为写《反败为胜：新福特汽车公司》一书而接触了几家福特汽车公司的零配件制造商，这些公司的雇员人数一般都在500~2000人。

罗伯特·舒克的好友艾瑞·戴西是雇员利润系统公司的销售员。一天，他兴冲冲地跑来告诉罗伯特·舒克，他的公司专门为企业员工提供了一种扣除薪资式的人寿保险产品，他觉得特别适合像罗伯特·舒克结识的福特零配件制造商那一类规模的企业购买。不过，这种产品的推销难点在于必须要找到公司的决策者才行。所以他觉得老朋友罗伯特·舒克是最适合的引荐者，并且承诺给他一大笔佣金作为酬谢。

罗伯特·舒克估计这笔佣金将有5万美元左右，这种既能帮助朋友又能成就自己的美事，他是不会错过的。

于是，罗伯特·舒克帮艾瑞·戴西约见贝勒塑胶公司的老板费尔·贝勒。

见面后，罗伯特·舒克介绍道："艾瑞是雇员利润系统公司的销售员，他们专门为企业员工提供'附加福利'，而这项'附加福利'不需要雇主额外支付半分钱。您要做的只是允许雇员利润系统公司按月寄两份保费账单到您的公司，您从加入此项保险的员工薪资里扣掉保险费，然后再将保险费支票寄回雇员利润系统公司就好了。艾瑞是这一行里最优秀的专家，相信您会乐意与他合作的。"罗伯特·舒克的介绍引起了贝勒的兴趣，于是贝勒对艾瑞·戴西说："那么，就请您为我详细讲解一下吧。"

经过艾瑞·戴西十几分钟专业的解说后，贝勒表态："这绝对是我的公司应该为员工做的一件事。罗伯特，我要谢谢你把艾瑞介绍给我，我会为我的员工买这种保险的。"接着，他又转向艾瑞说："我一周后回你消息如何？"

这时罗伯特·舒克对贝勒说："等一下，我有一个不解的问题。"

"什么问题？"贝勒问。

罗伯特·舒克说："您完全清楚艾瑞推荐的新产品了吗？"

"是的，完全清楚。"

"好，"舒克继续说道，"如果我哪里说错了，请纠正我。我假设艾瑞的新产品很对您的胃口。"

"是的，你的假设没错。"

舒克马上转向艾瑞："现在，如果我哪里说错了，请纠正我。我假设你非常希望贝勒塑胶公司成为你的客户。"

"完全正确。"

"既然是这样，那我实在看不出艾瑞有需要再次拜访的理由。"没等回答，舒克又接着说："艾瑞，可不可以不为其他理由，只是看在我的面子上现在就与费尔签合约呢？"

艾瑞明白舒克的暗示，立即取出合同放在桌上，"请您在这里签名，费尔先生。"

贝勒迅速地在合约上签下了他的大名。

在这个案例中，销售员艾瑞·戴西在朋友罗伯特·舒克的帮助下成功地与贝勒公司的决策者见了面，并且看在朋友的面子上，客户没有拒绝他详细地介绍产品。产品介绍完后，客户也表示了赞同，但客户并没有立即做出购买的决定，而是要在一周后回复艾瑞·戴西，拖延一周的时间就意味着多几分失败的风险，但戴西肯定不好对客户的答复提出异议。这时，幸亏罗伯特·舒克及时帮忙，让客户下定决心，当场促成了交易。可见，第三方的作用是很大的，销售员要学会利用第三方为交易推波助澜。

利益引导法——人人都有趋利心理

从销售心理学角度讲，利益引导法符合顾客的求利心理。一般来说，人们总希望在购买产品后获得一定的实惠和利益，这种利益可以是减少成本、提高效益、方便生活等等。利益引导法正是利用了客户的这种心理，让购买产品所能获取的利益紧紧扣住客户的心弦，使顾客无法拒绝。

在实际推销工作中，顾客很难在销售员接近时立即认识到购买产品所能获得的利益，如果销售员在接近顾客时立即直接为客户将商品的利益讲清楚，让客户听明白，相信客户也就不会连连说不了。例如：

一位保险公司代理人在接近顾客时，首先递给顾客一张特制的1000元支票副本，然后问道：“您希望退休后每月收到这样一张支票吗？”顾客承认非常希望如此，并要求告知详情。

“这款手机的节电功能可以让你尽情享受5天，你根本不必随时担心充电的事。而且它的价格也比同类产品便宜得多，你想拥有这样一部手机吗？”手机销售员这样对顾客说。

一位冰激凌推销员走进某冷饮店，见面就问经理：“您希望使您所出售的冰激淋每公斤成本减少五元钱吗？”

“还有这样的好事？”经理问道。

一位文具业务员见到文具店的老板就说：“本厂出品的各类练习本比其他同类产品便宜一半。”这话一出口就使老板两眼放光！

以上几位销售员的推销语言都非常具有说服力，这是因为他们能够抓住客户的心理，突出产品能带给客户的利益，使客户动心。

在使用利益引导法时，还应该注意以下问题：

第一，必须找准客户的需求，把产品的优点和客户的需求结合起来。相反，如果你所说的产品能带给客户的利益不是客户所需要的，那么即使再好的产品，客户也不会购买。

第二，商品的利益必须可以验证，才能取信于顾客。销售员必须为商品利益找到可靠的证据，例如财务分析或用户反映情况资料，以及有关实际数据和处理对比资料等。这样才能让客户觉得可信，才能认同产品。因此，销售员平时应注意搜集整理有关证明材料，包括各种技术性能鉴定书、各级认证证书等文件，以备拜访客户时使用。

第七章

客户可以说『不』——在拒绝的信号中挖掘商机

销售是一项要不断面对拒绝的事业，但是客户的拒绝并不代表我们的销售就走到了终点，就没有了成功的希望。其实，客户在对我们说“不”时所用的理由大多是敷衍我们的表面理由。一般销售员业绩不佳，多半是由于惧怕客户的拒绝，被他们的假理由唬住，不善于从客户的拒绝中分析原因、积极应对。所以，优秀的销售员应该做到，从客户拒绝的信号中挖掘出真正妨碍成交的问题，并提出解决方案，满足客户的需求，从而挽回败局。

客户说“不”是害怕风险

著名心理学家马斯洛认为，安全感是人类要求保障自身安全的需要，也是人类必须满足的需求。

每当客户对签单显得犹豫不决的时候，并不表示他另有选择，很可能是因为他下决心在你的产品服务上作出重大投资前，正在认真地考虑风险问题。他们认为购买你的产品或者服务可能存在着这些风险：(1)做出错误的决定；(2)金钱的花费；(3)物品不及所值；(4)对购买结果不满意，但是并不能得到补偿。

对客户来讲，不做出购买行为往往是安全的。因为这样意味着客户可以继续待在自己过去熟悉的情境里，虽然未必是舒服的，但却是习惯的、熟悉的。基于惯性，熟悉的东西往往会给我们心理带来安全感。而购买行为则意味着将打破我们原来熟悉的平衡感，在生活中引入新的东西的同时也引入了一定的风险和担忧。尤其是如今的市场，鱼龙混杂，假冒伪劣商品层出不穷。所以很多情况下，安全感成为客户的第一购买需求。

销售人员要想提高自己的销售业绩，一定要懂得客户寻求安全感的心理，努力满足客户的安全需求。假如这时销售员急于求成，反而令客户感觉自己并非过虑，很有可能使之前的努力功亏一篑。所以，销售人员必须通过各种方式，让客户感觉到他在购买上的风险是有限的。要凭借自己在客户心中建立的信任，重申你的产品和服务能够为他带来的好处和收益，消除客户的风险顾虑。

让客户购买你的产品或者服务，我们可以从以下几方面着手，帮助他们消除风险，给予他们心理安全感。

1. 加强自己的专业知识，完善自己的业务能力

为了让客户心理有安全感，你就必须加强自身的业务能力，使自己变得更专业。销售员不能用草率的态度去对待客户。专业是质量的保证，对产品了解得越深，对行业理解得越透彻，你的信誉度和能力也就越高，客户才能放心地从你手中购买产品。作为一个销售员，如果自己对产品的专业知识都不是很了解，不能够很清楚地解决客户的问题，客户又怎么能够对你满意、放心呢？所以，要做到让客户有安全感，就必须保证客户不会对你的能力产生怀疑。

2. 通过美好的外在形象获得客户的信任感

销售员在平时要注重个人的衣着打扮，树立良好的外在形象，比如，发型、胡子、衣着、皮鞋等要保持干净清爽，给客户留下美好的印象。要知道，个人的外在形象是赢得客户信任感的最直接有效的手段，它能够带给我们意想不到的收获。

3. 给予客户经济安全感

给予客户一定的经济安全感，学会帮经销商客户做规划，帮他们寻找市场、打开销路。这样做虽然比较费力，但保证了客户的经济安全感，避免了客户对可能造成的损失的担忧，使客户和公司实现了双赢。

4. 坦诚告知客户关于产品的问题和可能存在的风险

销售人员有时候害怕把产品说得太详细会打消客户的购买欲望，所以总是躲躲闪闪，希望客户不要去注意产品中的问题。实际上，这样的做法是非常愚蠢的，除非你想捞一笔就跑。有的产品存在一定的风险性，所以一定要跟客户说明这些风险，切实保证客户的安全。让客户感受到："原来你也在关心我的安全，而不是只想着我的钱。"坦诚告知客户关于产品的一切，不仅是优点，还包括可能出现的问题，并提醒客户注意，这才是真正高明的销售方法。

5. 为客户提供保证书

提供一个坚如磐石的、可靠的承诺书或者保证书，能够使客户的购买行为变得毫无风险，或者至少能够在最大限度上降低风险。强有力的保证书能够帮助减少阻碍着客户和你达成交易的壁垒。这样，通过保证书转移客户的风险，使他们不用担心产品出现问题没办法解决。你的业绩就会成功地脱颖而出。

总之，在销售的过程中，客户总是存在着复杂的矛盾心理，我们要认清这种矛盾心理的源头——害怕风险。客户的不安全感使得他们在每一次的沟通过程中都从内心深处渴望得到销售人员足够的关注。所以，一个优秀的销售员必须理解客户的这种深层次需求，尽量去满足他们的安全感！

客户拒绝的处理原则

在销售过程中，令销售人员最为烦恼的但却又是最常遇到的现象，莫过于遭到客户的拒绝。尽管你信心十足地去接近客户，满腔热情地开展推销介绍，不厌其烦地演示产品的功能，但最终客户仍然毫不留情地拒绝了你。

其实，客户的拒绝是很正常的，并且本能的防卫性拒绝占大部分。经过专家调查：顾客没有明确理由的拒绝占70.9%，这说明有7成左右的顾客只是想随便找个借口将销售员打发走而已。这种拒绝的实质是拒绝“行销”这一行为的本身，称为防卫型拒绝。

心理学家告诉我们：人们行为的外在表现往往是内心活动的结果，人的原始欲望是“追求快乐、逃离痛苦”，主要表现为：不愿意接受他人的约束，喜欢按照自己的意愿行事，对外界的强制反其道而行之。“追求”快乐的原始心理只有经过接受教育和人生经验的积累后，才会受到限制。对于一个销售员的推销，顾客本能的反应是：他要赚我的钱，要提成，快保护我自己。

对于一个销售员来说，常犯的错误就是没有认识到客户的这种心理，反而因为客户的拒绝给自己造成严重的心理压力，而放弃推销。下面这个案例中的销售员就犯了这样的错误，面对客户的拒绝，他没有想办法积极应对，而是选择消极逃避。

保险公司的推销员，经常是上门做保险推销的工作。有一天，保险公司的推销员小张去一家工厂拜访该厂的厂长。当时，那位厂长正忙着，所以看也没看小张一眼。小张心想：“不论怎样，既然自己已经来到这里，就一定要硬着头皮待下去。”

于是，他自我介绍道：“您好，先生！冒昧地打扰一下，我是保险公司的小张。我想您一定需要保险……”

还没等小张把话进完，那位厂长就极不耐烦地抬了抬头。

“什么？来推销保险？我一没得病二没受灾，你想咒我呀？我不需要！”

老板这番话，既无情又刻薄，一下子就刺伤了小张那颗敏感的心。他觉得自己被推进了一个冰窟窿里面，心里难过极了。这样，小张并没有做进一步的争取,匆匆地离开了工厂,并且以后也没有再来拜访这位客户。

上述案例中的销售员小张面对客户的拒绝,匆匆逃离了战场。他没有认识到成功的推销正是从克服拒绝开始的。其实,只要他能再耐心一些来对待客户,通过一些方法逐渐消除客户心理上的成见、打破他的心理防线,那么销售活动就会顺利地进行下去。

有经验的销售人员视被拒绝为正常现象,不因受到拒绝而停止销售,他们善于运用一些原则来处理客户的拒绝,从客户的拒绝中分析其本意,改变客户的观点,把客户冷漠的抗拒心理转变为对产品或服务的关心,最后促成交易。

那么,销售员面对客户拒绝的处理原则有哪些呢?以下几点供大家参考:

1. 面对客户的拒绝采用冷处理法

既然客户的很多拒绝可能仅仅是借口,未必就是真正的反对意见,那么,销售员就不需要对客户的各种拒绝进行深究,让借口随着双方洽谈的深入而自行消失。如果轻易对这些借口反驳,反而使客户感到他需要为自己的借口辩护,这样一来,借口可能越来越大,甚至变成真正的反对意见,到了难以收拾的地步。如果你轻描淡写,借口可能就会变得软弱无力了。

不过销售员应善于区别客户的异议与托词。一般而言,异议是客户在参与推销活动的过程中有针对性地提出的反对意见,而托词是与推销洽谈沾不上边的借口。对于异议,我们一定要认真对待;对于托词,要么不去理睬,要么就是认真找出它们背后所隐藏的真正动机,弄清原始的购买阻力是什么,找准症结所在,以便对症下药。

2. 推销产品之前,先推销自己

人们通常认为,推销的成败是取决于产品的优劣程度。这虽然有一定道理,但不能一概而论。有时同样好的产品,在不同的销售员身上的销售业绩却大不相同。这是因为,从客户的心理来看,往往是在接纳了销售员之后,才乐意接受其推销的产品。在其他因素相同的情况下,客户更愿意从自己所信任的销售员那儿购买。因此,要想成为一个成功的销售员,必须先将自己推销出去,在如何获得客户的尊重和信任方面多动脑筋,多下工夫。

3. 运用强有力的证据回应客户对产品的拒绝与不信任

在销售员向客户介绍产品的种种好处时,客户常常片面认为销售员是

“王婆卖瓜，自卖自夸”。因此，化解客户的拒绝，运用关于产品质量的强有力的证据比一味滔滔不绝的介绍更为有效。比如，权威机关对产品提供的证明文件，其他客户使用后写来的感谢信，不同品牌之间的对比材料等，都是说服客户的有力证据。客户看到这些真凭实据才会感到产品是可信赖的，才会收回自己拒绝的言辞。

4. 穷追不舍，找到拒绝的真正原因

一般客户先提出的拒绝理由不是最真实的理由，面对这种情况，我们还需要继续问下去：“某某先生，这的确是个好问题，我很高兴你能提出来，除此之外，还有其他的问题吗？”一直问到准顾客最后回答“没有了，这正是我最后的疑虑”为止。只有找到客户拒绝我们的真正原因，我们才能对症下药。

客户的意愿是可以改变的

相信大家都熟悉法国作家拉·封丹写过的这则寓言：

北风和南风比威力，看谁能把行人身上的大衣脱掉。北风首先使劲地吹起来，企图把客户的大衣吹掉，结果行人为了抵御北风的侵袭，把大衣裹得紧紧的。南风则徐徐吹动，顿时风和日丽，行人觉得暖洋洋的，不一会竟然热了起来，于是他便解开纽扣、脱掉大衣。结果，南风获得了胜利。

从这则寓言中我们可以得出：北风之所以失败是因为他忽视了行人的需求，企图以强硬的方法逼迫行人改变；而南风之所以能达到目的，就是因为它采取了顺应人的内在需要的办法，让行人自己主动改变。

在销售中，客户虽然很顽固或者拒绝了我们，但我们并不是毫无办法的，只要我们能够像南风一样，抓住对方的心理，采取顺应对方需求的策略，那么客户的意愿还是可以改变的。相信下面的这两种出奇制胜的方法可以给大家带来一定的启发。

1. 保证给客户带来足够大的利益

客户购买产品总是受求利心理驱使的，所以，如果你想让客户从拒绝你变为接受你，或者购买你的产品而非竞争对手的产品，那么就必须保证你能够给客户带来足够大的利益，使其觉得为改变所付出的代价是值得的。

矢田一郎可以说是懂得如何改变客户意愿的高手。

他带着专供残疾人使用的安全便器到东京各商店去推销。尽管他不厌其烦地向商店的业务主管人员介绍安全便器的性能及其使用价值:“残疾人由于生理障碍,大小便时很困难,这个安全便器就是专为他们设计的,其销售前景颇为广阔。”可是商店的业务主管们仍采取观望的态度。因为他们不知道这种安全便器究竟是否有销路,而且在橱窗里陈列便器,很不雅观,所以最终他们婉言谢绝了矢田一郎。

这使矢田一郎陷入了困境。他推销这种安全便器的想法是因为他的儿子。他唯一的儿子是个残疾儿童,每次大小便都需要他去帮助,搞得他满头大汗,也使儿子感到很痛苦,长此下去,总不是办法。

于是他就专心研制一种专供残疾人使用的安全便器。经过两年的研制,终于取得了成功。他想,社会上的残疾人很多,在生活上存在诸多不便,造成了本人及家庭的许多困难。如果将这种安全便器推广出去,不仅可以方便残疾人的生活,还可以使自己获得可观的利润。于是他为安全便器申请了专利,并投入了全部财产生产安全便器,谁知一上马就碰了壁。

当他走投无路时,他的一个知心朋友为他出了一个点子。当时,日本已盛行通过电话进行订货的业务。几天之后,东京好些百货商店都接到这样的订货电话:

“请问,贵店有专供残疾人使用的安全便器吗?”

商店都很遗憾地回答:“很抱歉,本店没有这种货物供应。”

由于接到这种订货的电话很多,引起了商店的重视,就将这个情况反映到所属的百货公司里去。

百货公司很重视这个“信息”,他们想迅速进货来满足商店营业的需要,终于他们记起了曾有个叫矢田一郎的人来推销过这种商品,当时被他们一口回绝了,现在看来是失策的。于是,他们就主动寻访矢田一郎,从他那里进了大批的安全便器,使矢田一郎积压的产品一下子销售出去,获得了相当的利润。

事实上,所有的订货电话,都是矢田一郎通过他的朋友打出的。而安全便器上市后,购买者很多,因为它确实给残疾人带来方便。

矢田一郎发明的安全便器其实是有销路的,只不过缺少一个展示的机会,人们还没有认识到它的功用。为此,矢田一郎想出这个方法,顺应了经销商的求利心理,使得他们原本拒绝的态度发生逆转。

2. **亮出自己的底牌**

秦朝末年,谋士陈平有一次坐船过河,船夫见他白净高大,衣着光鲜,便不怀好意地瞄着他。陈平见状,就把上衣脱下,光着膀子去帮船夫摇橹。船夫看到他身上没什么财物,就打消了恶念。

日常销售工作中,我们常常可能遇到一些固执苛刻的客户,对什么都听不进去,始终坚持自己的主张。面对这样的客户,销售员不妨学一下陈平,索性亮出底牌,开诚布公。这种以诚相待的推销手法能够解开客户心里的疑虑,使客户重新发生兴趣。

有位推销员很善于揣摩客户的心理活动。一次,他碰到一位十分苛刻的商人,按照常理对方会把自己拒之门外的。这位推销员灵机一动,仔细分析了双方的具体情况,想出一条推销妙计,然后登门求见那位客户。

双方一见面,还没等坐定,推销员便很有礼貌地说:“我早知道您是个很有主见的人,对我今天上门拜访您肯定会提出不少异议,我很想听听您的高见。”他一边说着,一边把事先准备好的18张纸卡摊在客户的面前:“请随便抽一张吧!”对方从推销员手中随意抽出一张纸片,见卡片上写的正是客户对推销产品所提的异议。

当客户把18张写有客户异议的卡片逐个读完之后,推销员接着说道:“请您再把卡片纸反过来读一遍,原来每张纸片的背后都标明了推销员对每条异议的辩解理由。”客户一言未发,认真看完了纸片上的每行字,最后忍不住露出了平时少见的微笑。面对这位坦诚的推销员,客户收起了以往的刁难和苛刻,开口说道:“请开个价吧!”

客户对销售员的不信任感是必然会有的,所以他们总是以一种拒斥和逆反的心理来面对我们,你说东,他偏说西,就算我们磨破了嘴,他仍然顽固坚持。这时我们不妨像案例中的销售员一样,和客户坦诚相见,把所有的问题和解决办法都列明,让客户找不到再僵持下去的理由。相信面对销售员如此真诚的态度,客户的内心是不可能不为之所动的。

如何应对否定产品的客户

在销售中,客户经常对我们的产品感到不放心,有很多拒绝是来自对于我们的产品的否定。有时客户总不太相信销售员对产品的说明介绍,尤其对一些新产品进行销售时,客户心中总有不少疑虑和担心,销售员极力宣传这些产品的各类优点,也不一定能够消除客户内心的某种不信任感。

这是因为人们都有这样的心理:眼见为实,耳听为虚。所以,面对客户对产品的否定,销售员如果能使用大量实际事例和证据材料向对方展示说明,就很可能使客户的反对意见逐步削弱甚至完全消除。具体我们可以这样做:

1. 我们可以选择一些与自己有贸易来往,并且客户也认识的知名人物来作为说服的论据

办公用品推销员对客户说:"王总,您认识日化行业的龙头企业——某某集团的张总吗?他刚从我们公司新进了一批办公器材,我想贵公司最近在扩大规模,也一定迫切需要购买新的办公用品,不如就从我们公司进货吧。"

在这个案例中,推销员通过某某集团的张总这个比较具有权威的老客户向新客户王总证明了自己的产品的质量,从而有效地增强了说服力。

2. 产品的独特优势是最有说服力的广告,客户最信服的是自己亲眼看到的事情

下面这两个销售案例就是通过让客户亲眼见证产品的优势来获得他们的肯定的。

案例一:某销售员销售一种席梦思床垫,刚开始时无人问津。后来,他把产品运到一个大广场,铺在大街上,当众用一辆载重10吨的卡车碾压,而床垫没有一点损伤,顿时他的产品名噪全城。不到半年,他的席梦思床垫畅销几十个大中城市。

案例二:闻名遐迩的世界名表"西铁城"问世之初,也并没受到消费者的赏识。如果采用常规的广告来做宣传恐怕也很难与那些知名品牌竞争,一时难以奏效。所以,必须突出"西铁城"自身的优势——精良耐用。

于是，“西铁城”发出一条令人咋舌的消息：某日将有一架飞机在某地抛下一批手表，谁拾到归谁。

果然，在这天，一架直升机飞在好奇的人群的上空，在百米高处向空地上洒下一片“表雨”。人们急奔过去捡表，发现这些“大难不死”的手表居然走动正常，无不为这些表的精良耐用吃惊。没多久，“西铁城”名声大振，震动了整个钟表业。

3. 为客户列出详尽的产品说明表

书面的材料总是能够给人一种真实感，因此销售员可以事先将产品的相关信息及能够说明产品优质的证据整理列表，进行系统的分析归类。在向客户介绍产品的过程中给客户看，这样可以让客户一目了然地看出商品的优势在哪里，及购买后所能带来的具体利益。这样可以大大增强客户的信任感。

具体我们可以从以下几方面入手来列出我们的产品说明表。

本源——产品是谁发明的？在哪儿发明的？什么时候发明的？发明的用意是什么？进入市场后的反响如何？目前处境怎样？……

材料——用的是什么原料？原料产地情况如何？选料的标准是什么？商品原料结构的优点？原料的质地优势体现在哪里？……

制造——生产工艺怎样？生产技术情况？制造方法的独到之处是什么？生产设备如何？怎样控制质量？制造者的声誉如何？厂家的实力和形象优劣？……

价格——零售价格情况？竞争对手的价格信息？价格与购买数量的关系怎样？收款方式和期限与价格的关系怎样？佣金、回扣率多少？优惠价格指数是多少？价格与其他优惠条件的关系怎样？……

性能——重量？体积？式样？外观装潢？占据多大空间？组装零件性能？触感如何？音响效果？味道？储存性能如何？卫生状况和防污染性能？使用寿命？……

品种——同类商品的品种情况如何？各种型号的区别情况？同类商品的各种规格？推销产品品种的类别划分情况？……

级别——产品分级情况？产品等级归类情况？产品获奖称号？商标牌号的名望如何？……

服务——交货批量和批次情况？成交产品的交货期限有多长？交货的

具体方法怎样？售后服务的内容是什么？怎么向对方订货？怎样向对方要货？如何保证供应？怎样履行成交合同？各种交货的服务项目有多少？……

客户用“以后再说”拒绝怎么办

在销售中，就算我们已经把产品介绍得很清楚到位了，可是客户还是会常常对销售员说：“我非得今天购买吗？下个月再买不是一样吗？”这是顾客在表明自己不急需产品，在购买时间上进行拖延。其实，等到下个月，客户或许早忘了这回事，并不会真正去购买，这只是客户的一种委婉拒绝的方式罢了。

我们想一下，外科医生会在动手术前犹豫吗？足球场上一流的球星会在射门前一刻拖延吗？答案肯定是不会的。那么为什么我们的客户会对于购买产品一拖再拖呢？这是因为，手术和踢球是医生和足球运动员的专业领域，他们对此有把握、有信心。而客户之所以会用“以后再说”来拖延，是因为他们对销售员所介绍的产品没有很专业的了解，他们没有十足的把握，怕做错决定，造成不必要的损失，所以不敢轻举妄动，宁可选择保守的决定——暂时不买。

所以销售员应该理解客户的这种心理，在销售时可以适当采取一些方法促使客户快速作出购买决定。

1. 强调彼此时间的宝贵，先发制人

为防止客户拖延，我们可以向客户强调彼此时间的宝贵。我们可以这样说：“据我所知，像您这样的老板一般都比较忙，时间非常宝贵，所以我想请您在我做完产品介绍之后，亲自试乘试驾一下，如果觉得合适，请告诉我；如果觉得不好，也请让我知道，是哪些方面让您感觉不舒服。如果合适的话，我希望您今天就能定下来，我们也好尽快为您办理入户手续，让您早日开上这辆车。”

如果客户推脱，你可以继续说：“如果您觉得不合适，也就不用再浪费您的时间来看这辆车了，是不是？”

在客户说出延迟购买的话语之前，先对客户提出希望，这样会降低客户拖延的可能性。

2. 向客户强调延迟购买可能会造成的损失

对付客户拖延的最好办法，是以详细的资料和科学的证据让顾客意识到延误购买将会造成的损失。

众所周知，买东西和做其他事情一样，有个时机问题，如能把握住时机，按计划进行，那么一定能很顺利、很安稳地办好事情。因此，在销售过程中，也要注意强调购买的最佳时机，使顾客感觉如果现在不买，将来就可能会后悔。这样，顾客就会把当时不需要的货物先买下来，以免将来后悔。

在我们强调购买的最佳时机时，必须向顾客介绍当今这种商品在市场上的行情，生产这种商品的厂家的情况及顾客对这种商品的需求方面的情况，让顾客觉得你说得是有根据的，你是经过分析各方面的讯息而得出的结论，避免顾客对你产生怀疑。

例如，某医药厂现在生产了一种最新药品，而且疗效确实不错，你是这个厂家的药品业务员。在你了解了一些关于药品的性质、药品的效果及市场行情之后，便开始了你的推销工作。这时，有人来看你的商品。当然，由于是一种新药，他还不敢肯定这种药品的效果，只是在电视、报纸上的广告中得知一些大致情况，你便可以这样说来避免客户的拖延。

“这药是我们厂的最新产品，由于疗效不错，刚投入市场便受到了专家和用户们的普遍好评。它对治疗××病有很好的效果，它是一项最新的成果，采用科学配方精制而成，经临床试用，治愈率达百分之九十五以上。现在我们厂已经收到了许多使用这种药品而病愈的用户的感谢信，他们都充分肯定了这种药的作用。”

用这一段话，首先把顾客吸引住，然后再向他强调现在就应抓住时机购买：

“现在，这种药刚上市就取得了这么好的效果，您能保证它以后不会被假冒伪劣商品冲击吗？现在这种东西打响了名声，立即就会有许多假冒的同种商品出来，到时，您就真伪难辨，要是买到假药，那就会对您的身体造成巨大的伤害。趁现在刚上市，不会有假冒的商品，赶紧把自己多年的病给治了，您说是吗？”

至此，顾客还有什么可犹豫的呢？

3. 满足客户的自尊

在销售中，避免客户拖延，销售员还可以通过满足客户的自尊心或虚荣心来达到此目的。让客户觉得自己很重要。自尊心不分年龄、性别，人人都具有。

比如，对年长者我们可以这样说：

“我喜欢和您这样有经验、又有能力决定的人谈话。您知道，现在很多年轻人都不知道怎么做决定。”

“真羡慕像您这样有经验、又有经济实力的人，可以自己决定买下这辆车，像我们这些年轻人，不知道什么时候能像您一样啊。”

对年轻人：

“真羡慕你们这些年轻人，做事爽快，不像我们这些老家伙，做事拖泥带水、瞻前顾后的，其实都是瞎担心。”

“真羡慕你啊，我们年龄差不多一般大，你都可以自己买车做生意了，我们还在靠打工挣点工资呢。”

对男士：

“先生在家一定是做主的，我相信买这辆车您完全可以自己做决定。其实我们这款车确实很适合您家庭的需要，我想您的太太也一定会夸您眼光好。”

对女士：

“我很欣赏您这样的现代女性，你们有能力自己做决定，这对上一代的女人来说，是想都不敢想的事情。”

产品无法达到客户的标准也能成交

在销售工作中，我们有可能会遇到自己的产品达不到客户的标准的情况，这时我们是否应该选择放弃呢？其实，如果我们能掌握客户心理，运用逆向思维，学会变通，说不定事情就会出现转机，即使我们达不到客户的标准也能成交，并且让客户满意。

人的思维常常出现两大定式：一是直线型，即不会拐弯抹角，不会逆向思维和发散思维；二是复制型，即常以过去的经验作为参照，不容易接受新鲜事物。由于受这两大思维定式的影响，人们习惯于沿着事物发展的正方向去思考问题并寻求解决办法。

其实，对于某些特殊问题的处理，运用逆向思维，对司空见惯的似乎已成定论的事物或观点反过来思考，敢于"反其道而思之"效果可能会更好。西方有一句谚语说："上帝向你关上一道门的同时，会在别处给你打开一扇窗。"如果我们善于变化自己的思维方式，那么我们就有可能走出困境，进入新的天地。

当我们的产品不能够满足客户的标准时，不妨变通一下，审时度势、打破常规；把握客户心理，借助客户自身的力量为我所用。

1. 满足客户的自豪感，让产品提升客户的身份

一对夫妇到一家珠宝店选购首饰，他们相中了一枚价值八万元的翡翠戒指，但是嫌太贵，一直犹豫不决。这时一个深谙顾客心理的售货员对这对夫妇说："某国总统夫人也和你们一样很喜欢这枚戒指，但是由于价格太贵没买。"这对夫妇听完后，当下就付了款，拿着戒指心满意足地走了。

这枚翡翠戒指由于价格太贵，本来不符合客户心里对所要购买首饰价格的标准，但就是售货员简单的一句话，促使客户下决心购买。这位售货员并没有按照常理，通过夸赞这枚戒指多么物有所值来劝说客户购买，而是通过暗示这对夫妇和总统夫人具有一样的眼光，来满足他们渴望得到他人肯定与赞赏的心理，使他们感到自豪感，来促成交易的。

2. 满足客户的虚荣心，使自己的产品"达标"

一位一只脚大、一只脚小的女士来买鞋子，试了很多双，都不合脚，于是她开始抱怨鞋店的鞋子有问题。这时售货员对她说："太太，您的一只脚比另一只要小巧一些，我想可能是这个原因导致您穿上鞋子后感到不舒服。"听到售货员这样说。这位女士不再挑剔，心平气和地买走了一双鞋。

在这个案例中，如果换成直来直去的售货员可能会说："鞋不合适是因为您的一只脚比另一只大。"如果是这样，那么这位女士肯定会很生气。人都是爱面子的，都有虚荣心，所以销售员应该对这种心理予以尊重，有时，话需要反着说。

3. 利用客户好为人师的心理，坦诚向客户请教

销售员："白总经理，今天我来拜访您，不是向您销售汽车的，我知道总经理是销售界的前辈，我在您面前推销实在压力很大，大概我表现得很差，以至于几次拜访您都没能成功。请总经理一定要指点一下,我哪些地方做得不好,让我能在日后有所改善。”

白总经理:“你做得不错,人很勤快,对汽车的性能了解得又非常清楚,看你这么诚恳,我就坦白告诉你,这一次我们要替企业的十位经理换车,当然,所换的车子一定要比他们现在的车子更高级一些,以激励士气,但价钱不能更贵,否则我短期内宁可不换。”

销售员:“原来是这样。总经理,我之前给您推荐的车是由美国装配直接进口的,成本偏高,因此价格也就高一些,但是我们公司月底将从墨西哥OEM进来的同级别车,成本较低,价格要便宜一些。并且总经理一次购买十部,我一定说服公司尽可能地达到您的预算目标。”

白总经理:“的确很多美国车都在墨西哥OEM生产,贵公司如果有这种车,倒替我解决了换车的难题了!”

当销售人员想尽各种办法都达不到客户的标准,不能令客户满意时,若我们面对的客户在年龄上或头衔上都比我们大时,凭借着多次拜访和客户建立的一些交情,我们就可以像案例中的这位销售员一样,坦诚向客户请教到底问题出在哪里。因为人都有好为人师的心理,你谦虚地请客户赐教,那么他自然也愿意指点你。

请客户给予指导时态度要诚恳,让客户指出自己的产品到底哪里不符合客户的标准,让客户讲得具体一些。弄清楚我们的产品和客户期望的标准的差距就好办了,我们只要能改进产品或是推荐更符合客户标准的产品,那么订单就唾手可得了。

不需要其实也是借口

“不需要”可能是销售员最常遇到的客户拒绝的理由,这时,如果销售员对客户的话信以为真或是感觉受到了打击,转身离开的话,那就大错特错了。其实,客户的“不需要”往往是一个借口,他们的需求是可以通过你的进一步努力开发出来的。“需求是创造出来的,是可以不断加以开辟的。”这句话是备受当今世界各国销售人员推崇的至理名言,是销售大师、日本丰田汽车销售公司的前总经理“神谷正太郎”的经验之谈。所以,销售员在面对客户的不需要时，一定不要放弃，要分析客户的心理，冷静地采取适当的策略来引导出客户的需求，攻破客户的心理防线。

我们可以尝试利用以下话术来进一步与客户沟通，引导客户意识到自己的需要。

话术一：“×经理，可能您目前没有太大的购买意愿，不过，要是您能尝试一下这项业务，一定会对您大有裨益！我想您还是有必要了解一下情况，而且我也很乐意帮助您了解。”

话术二：“×经理，虽然您暂时不需要，但是，您提前了解一下市场行情和产品情况，对您将来购买产品不是很有益处吗？也许您还不知道，我们的产品已经发生了很多变化，您只要花很短的时间让我给您做个介绍就可以了，这对您是绝对没有什么坏处的，您说是不是？”

话术三：“您不需要我们的产品，是因为您现在已经有了合作伙伴呢，还是因为其他原因？如果是其他原因，是什么导致您不想了解一下呢？”

在运用以上话术时，我们需要注意以下几点：

1. 当对方说目前不需要或者等有需要了再联系你时，无论是出于真实情况还是有意推托，销售人员都要表现出信任，首先在表面上要肯定对方“现在不需要”的说法是真实的。

2. 尽量争取见面的机会。如果客户说“现在不需要”，销售人员也一定不能放弃，仍要争取见面机会。有机会见面，就有机会把不可能的事情变为现实。所以，可以先提及一些我们能够带给客户的利益，激发起客户的兴趣，吸引他们的注意力，从而争取谈话的机会。例如话术一和话术二中所说：“要是您能尝试一下这项业务，一定会对您大有裨益！”“您提前了解一下市场行情和产品情况，对您将来购买产品不是很有益处吗……我们的产品已经发生了很多变化……”

3. 尽量多和客户谈话，使用适当的言辞询问对方原因，再视具体情况做出应对。

下面我们来看一下保险推销员小赵是如何应对客户的不需要的。

客户：我现在不需要。

小赵：没关系，您现在不需要，我理解。但我从心底里真诚地提醒您，保险是现代生活中的必需品。您很明白保险的意义，我也看得出您并不是不需要，只是思想上不重视。追求优越舒适的生活是每个人的梦想，而保险则是这种优越舒适生活的保障。现在不买，眼前是不需要，但如果哪天真的需要了，您再想买就来不及了。人的生命只有这一次，错过了就会遗憾终身。等到您年老力衰、无法工作时，您没有商业保险的补充，只靠退休后领取的最低的养老金，怎么够用呢？您想一下，等您年老时，肯定需要保健品来维持自己的健康。别人由于年轻时购买了商业保险，及早为自己储备了养老金，所以可以尽情享用，而您很可能由于没有为自己准备充足的养老金，所以不舍得买那些价格贵的保健品。这样您晚年的生活质量肯定会受到影响的，您说是不是？所以我们要提早为自己做好财务规划，而保险则是一种最为安全稳定的理财方式，为我们的生活提供了保障，您怎么能够说自己不需要呢？”

上述案例中，面对客户“不需要”的借口，推销员小赵帮助客户对比了买保险与不买保险的区别，让客户意识到买保险能够给自己带来的好处，从而创造出客户的需求，让客户真正思考销售员所说的话，而不再一味排斥拒绝。

所以，销售员要记住世界上的任何需求都是创造出来的，说自己不需要的人往往是极好的准客户。他们不是不买你的产品，只是不明白你的产品能够带给他们多么大的好处，没有强烈意识到自己对产品的需求。所以，销售的关键是让客户认识到自己的需求。

不能放弃说自己没钱的客户

聪明的客户常常以没钱为借口来直截了当地拒绝我们的销售，他们会想：“我没钱买你的产品，这样你就不会再纠缠我了吧。”销售员面对说自己没钱的客户一定不要被骗住，要分清这是客户的借口还是对方真的没有购买力。如果这只是客户的借口，那么我们一定不能放弃这样的客户。我们可以抓住他们的心理，采取一些巧妙的方法来化解这些异议，从而达到成交的目的。

1. 如果你看得出客户说没钱只是借口，那你应该见机行事

有一个销售员上门销售化妆品，女主人很客气地拒绝了：“不好意思，我们目前没有钱买，等我有钱再买，你看行不？”

但这位销售员看到女主人怀里抱着一条名贵的狗,就说道:“您这只小狗真可爱,一看就知道是很名贵的狗。”

“是呀!”

“您一定在它身上花了不少金钱和精力吧。”

“没错。”女主人开心地向销售员介绍她为这条狗所花费的金钱和精力。

结果是,女主人不再说自己没钱了,反而非常高兴地买下了一套化妆品。

在这个案例中,销售员聪明地从女主人所养的名贵的狗入手,来破解她没钱的借口,销售员这样做不仅没有让客户感到难堪,反而因为谈论起客户最喜欢的东西而使客户高兴起来。这样,客户的心情好了,没钱的拒绝借口也不能成立了,她自然就接受了销售员的推销。当然不一定每个客户都养只小狗,我们必须见机行事,我们可以称赞他的钻戒,他的豪华客厅或办公室,高档的西服或皮鞋等等,只要能让客户心理上接受就行。

2. 如果客户说自己没钱,你可以采用金额细分法

销售员一般都有这样的体会:无论产品的价格是多少,总会有人以自己没钱为借口来拒绝我们。其实在客户心里,并非真的没有钱、买不起,他们只不过是想通过价格异议来达成降价目的,从而买到物美价廉的产品或服务。

所以销售员要明白客户的这种心理,对于这类反对意见,如果你不想降低价格的话,你就必须向对方证明,你的产品价格是合理的,是产品价值的真实反映。销售员可向客户说明:你的产品使用了新的材料,经过严格的质量监管,具有新颖的设计水平,完善的售后服务,以及其他客户的感受和反应等,以此证明价格的合理性。如果客户在听完你的这些说明后,仍然坚持自己的异议的话,你就可以使出撒手锏——金额细分法,来消除他们的异议。在这方面,销售大师齐格勒做得非常成功。

齐格勒曾推销过厨房成套设备,主要是成套炊事用具,其中最主要的就是锅。这种锅是不锈钢的,为了导热均匀,锅的中央部分设计得较厚。它的结实程度令人难以置信,齐格勒曾说服一名警官用杀伤力很强的“四五”手枪对准锅射击,子弹竟然没有在锅上留下任何痕迹。锅的质量虽然好,但是价格也比较高。

当齐格勒推销时,客户经常表示异议:“价钱太贵了。”

齐格勒问道:“先生,您认为贵多少呢?”

对方回答说:“贵200美元吧。”

这时,齐格勒就在随身带的记录纸上写下“200元。”然后接着问:“先生,您以为这锅能使用多少年呢?”

“大概是永久性的吧。”

“那您确实想用10年、15年、20年、30年吗?”

“这口锅经久耐用是没有问题的嘛。”

“那么,以最短的10年为例来说,这种锅每年贵20美元,那每个月是多少钱呢?”齐格勒边说边在纸上写下了算式。

“如果那样的话,每月就是1美元75美分。”

“是的。可您的夫人一天要做几顿饭呢。”

“一天要做两三回吧。”

“好,一天只按两回算,那您家中一个月就要做60回饭!如果这样,即使这套极好的锅每月平均贵上1美元75美分,做一次饭也才只贵3美分,这样算就不算贵了,您说是不是?”

听到齐格勒这样解释,大多数顾客都接受了价格,痛快地成交了。

金额细分法像是具有一种魔力,它使原本价格较高的产品让客户心理上觉得不是很高了,变得能够接受。它是处理客户提出价格异议的有效方法,当销售员遇到说自己没钱的客户时不妨尝试用这种方法来解决。

3. 运用“飞去来器”法化解客户说自己没有钱的借口

澳洲土著毛利人在狩猎时,经常使用飞去来器。这种飞去来器又叫回力飞镖,它在被用力掷出后会飞一段距离,然后又回到投掷者的手中。有人把这一术语用于和客户打交道的过程中,专指把客户不买的理由作为必须买的理由使用,即客户提出的不买的理由转了一圈又返回来了,但返回来时却变成了购买的理由。

换句话说,客户异议一经巧妙转化,就可以变成反击客户的武器,使客户作茧自缚,陷入自设的借口之中,被销售员说服。这种“以子之矛,攻子之盾”的做法,可以化解客户“没钱”的借口。

比如客户说:“抱歉,我财力有限,现在没钱买。”销售员就可以这样说:“张先生,您可别这么说,现在物价上涨这么快,赶早不赶晚呀!”或者说:“张先生,因为您说现在没钱买,才应该趁早买下,以后涨了价更划不来。”

客户原以“没钱”为拒绝借口，但听到销售员说物价不断上涨，与其延迟购买，不如趁早购买，客户心里觉得有道理，就被销售员说服了。这样，“财力不足”原是不买的原因，一经销售员巧言转化，反而成为必须购买的理由。从这里我们可以看出“飞去来器”法的妙用。

顾客口中的“考虑考虑”是什么意思

在销售员竭尽全力辛苦地向客户介绍产品过后，客户有时会说一句：“知道了，我考虑考虑看看。”或者是：“我考虑好了再跟你联系，请你等我的消息吧！”

顾客说要考虑一下，是什么意思呢？是不是表示他真的有意购买，只是现在还没考虑成熟呢？如果你是这样认为，并且真的指望客户考虑好了再来购买，那么你就上了客户的当了。其实，客户说“我考虑一下”，乃是一种拒绝的表示，意思几乎相当于“我并不想购买你的产品，请你赶快走人吧”。

所以，销售员要能够听出客户的言外之意，了解客户的心理，当下次再听到客户这样对你说时，一定不要真的留时间让客户考虑。不能在这种拒绝面前退缩下来，正确的做法应该是迎着这种拒绝顽强地走下去，抓住“让我考虑一下”这句话加以利用，见招拆招，充分发挥自己的韧劲，并采取一些适当的话术，努力达到商谈的成功。

房产销售员小陈就是一个十分了解客户的心理，善于分析客户“考虑考虑”的真正原因，从而想出解决对策，帮客户下决定的优秀的销售员。我们来看看他具体是如何做的。

小陈是一家房地产公司的推销员，这家房地产公司除了在报纸刊登广告销售房子外，也经常上门销售。

客户经常会以这样的话来拒绝：

“我要再考虑考虑。”

客户之所以会这样推辞，是因为他有如下的想法：

“当然，能有个完完全全属于自己的家是再好不过了，只可惜手头太紧，最好还是等存够了钱再买。”

“用分期付款的方式，第一笔款子付了之后，以后就比较轻松了。”

“我要考虑一下，说不定过一段时间，房子的价格还会下跌呢！”

小陈深深了解客户的心理，自然也有他的一套对策。

首先他会把向金融机构贷款的方法，及资金周转的方法等资料提供给客户作参考，并把房价上涨预测的资料和其他有关资料提供给客户。然后，他会告诉对方：

“您的想法，我十分了解，的确，只有少部分经济宽裕的人才能说买就买。……但是，以我过去的经验来看，买房子只等存钱是不行的，要从资金周转和付款方式上想法子才行，您请看看这些图表……”

他拿出图表有经济增长率的预测、房价上涨的预测、工资上涨的预测、物价上涨的预测。

“从这些图表，您可以看出存钱的速度无论如何是赶上不上物价、房价等的上涨速度。所以，您的考虑是多余的，要买就要趁早。”

客户听了小陈的这番分析，觉得他说得有道理，于是便真正考虑起买房的问题了。

我们还可以用如下几种回答来应对客户的“让我考虑一下”：

1. “我很高兴能听到您说要考虑一下，要是您对我们的商品根本没有兴趣，您怎么肯去花时间考虑呢？不过，您所要考虑的究竟是什么呢？您可以说出来，看看我能不能帮您解决？或者您是不是对自己的判断还有所怀疑呢？那么让我来帮您分析一下，以便确认。”

2. “可能是由于我说得不够清楚，以至于您现在尚不能决定购买。那么请让我把这一点说得更详细一些以帮助您考虑，我想这一点对于了解我们商品的影响是很大的。”

3. “先生，与其以后再考虑，不如请您现在就考虑清楚作出决定。既然您那么忙，我想您以后也不会有时间考虑这个问题的。”

总之，我们要紧紧抓住对方的“让我考虑一下”不放，不去理会他的拒绝的意思，只管借题发挥、努力争取，尽最大的可能去反败为胜。

客户说“我需要和某某商量一下”该怎么办

在销售过程中，销售人员常常会碰到这样的客户，面对销售员销售的产品,他们并没有提出什么异议,但销售员在提出成交的要求时,他们却说需要与第三个人商量一下,比如事业上的伙伴或配偶等。

"我回去和我老婆商量商量,明天再给你打电话。"

"我需要和我的另外一个合作伙伴一起商量一下,我感觉你的车子不错,但他更喜欢别的品牌。"

这时,我们要猜透客户的心理,他们是真的自己做不了决定、需要和某人商量,还是只是一个拒绝购买的借口。

如果这是客户随便找的借口来敷衍,我们可以这样回复客户:

"您想找个人商量的想法我完全能够理解,您是想要购买的,只不过您又在乎别人的看法,不愿意被别人认为您的购买决定是失败的、错误的。我不反对您参考其他人的看法,但是您一定要找一个专业可靠的人来商量,要是您不幸问到一个不懂行的人,很可能会得到不中肯的建议;并且人们都怕帮你做出不当的决定,以至你后悔了会埋怨他,所以他们很可能会让你自己做出判断。您现在面临的问题只不过是决定是否购买而已,而这种事情,必须自己作出决定才行,此外,没有人可以替您作出决定的。其实,若是您并不想购买的话,您就根本不会去花时间考虑这些问题了,您说是不是?"

通过这样一番话告诉客户找其他人商量是多余的,是在浪费时间,促使客户自己做出购买决定。

如果客户真的需要征求他人的意见,自己做不了主的话,那么我们就应该这样来应对:

"我非常理解您说的情况,但有一件事情一定要您帮忙。"

"什么事?"客户问。

"我请您务必邀请您的夫人一起来看车,如果她有什么问题,我不在场的话,您可能无法做完整的答复。在没有让她完全了解这款车的实际情况下而做决定,可能会对决策的正确性产生影响。"

如果客户没有反对,你应立即与他约定一个确切的时间。

"您看明天上午怎么样?我会在这里一直恭候你们二位。"

如果第三者是客户的合作伙伴,你除了邀请外,甚至可以向你的客户索取他合作伙伴的电话或是地址,让你有机会直接面对他的合作伙伴进行交流。另外需要注意的是,当你为第三人做销售介绍时,务必从头到尾做一次完整的介绍,千万不要省略其中的细节,以免影响对方的决定。

另外，如果我们的销售对象是团体而非个人，而对方又很有购买的诚意时，如果听到“我需要和某某商量一下”的话，就该意识到，我们在某些方面一定做错了什么。很可能是急于求成，没有搞清楚你的销售对象中谁是真正的决策者。如果我们能够在销售开始之前问上一句：“您在做购买决定的时候，还需要和其他什么人讨论吗？”那么这一切就可以避免了。不过我们还可以采取以下的方法来弥补。

当对方表示需要其他人来批准这笔交易时，你除了应该把情况彻底摸清以外，还需要做到以下四个步骤：

1. 获得对方个人的认可

“王先生，如果您本人就能够决定，而不需要和别人商量的话，您会愿意购买吗？”“您会向其他人推荐我们的产品，对吗？”此时潜在顾客几乎总是给予肯定的回答。

于是，我们可以继续问以下问题：

·“价格是否合适？”

·“产品有没有问题？”

·“服务行不行？”

·“对我们的公司没有疑虑吧？”

·“对我本人没有疑虑吧？”

·“还有什么其他疑问？”

·“您是不是真的喜欢我们的产品，想购买它？”

销售员可以根据自己所推销的产品调整上述问题，并且要把它们修改得更具个性化。目的是要获得对方板上钉钉的认可，要让对方在背后支持我们和我们的产品，向他的同事做推荐。

2. 和对方的团队建立良好的关系

开始运用“我们”、“咱们”和“小组”这样的说法。这样可以让潜在顾客感觉你们是站在一边的，并且能使你和他所在的团队建立良好关系。

·“我们该怎么做呢？”

·“我们什么时候能开会一起讨论？”

·“那小组下次开会是什么时候？我希望能到场。这很重要，因为肯定大家会提一些问题，应该由我来回答。”

·“我应该做些什么，才能参与决策小组的讨论？”

·“您能跟我介绍一下决策小组里其他人的情况吗?”根据这些介绍分析出其他决策者的个性特征。

3. 安排一个所有决策者都参加的会议

销售员要尽一切可能安排这样一次会面,可以给出几个可行的时间,让对方选择。在时间上提供尽可能多的选择能够有更多回旋余地,增加我们参加决策者会议的可能性。

4. 把产品介绍向真正的决策人重新做一遍

如果我们想让买卖成交,就应当这么做。当然我们也可以放手不管,让潜在顾客自己去向他的同事解说,而且他也会说服我们,由他去解说就行了。只是效果如何呢? 那就只能听天由命了。

我们做成交易的最好方法就是:在任何情况下,都对形势保持控制力。如果销售员总盼着潜在顾客能代替我们的角色去推销,由他而不是我们说服他的同事,那么我们将永远难以成功。

总之,无论是我们的客户本人做决定还是由第三人做决定,我们都要摸清客户的心理,掌握销售的主动权。

尊重客户的选择,不要引起他们的反感

一些销售人员不了解客户的心理,觉得客户不购买产品是因为自己介绍得不够全面,于是就一股脑地给客户传递产品的信息并劝其购买。即使客户拒绝了,他仍然不停下来,认为自己讲得越多,客户越可能接受。而事实正好相反,死缠烂打只会使客户加重排斥心理,引起他们的反感。

客户张女士在一家美容院办了一张美容卡,她想定期去做美容,放松一下自己。可是没想到,不仅没有放松好,反而被美容小姐烦得无法忍受。

张女士放松还不到十分钟,美容小姐就跑过来向她介绍护肤产品,开始了她为提成而做的努力,她滔滔不绝地说着张女士的皮肤问题,拼命给张女士推荐新推出的一款产品。虽然张女士告诉她自己过来做美容只是想达到放松的目的,并不需要产品,可是美容小姐仍然不停下来。这使张女士很愤怒,不仅没有购买产品,而且再也没有去过那家美容院。

这个案例中的美容小姐就是犯了推销太直接的错误,表现出迫不及待的样子，甚至是强迫客户购买。销售员不尊重客户的选择，客户自然会反感、气愤。我们在推销时，应该首先了解客户的心理，让客户感到自己得到了应有的尊重，然后再从客户的角度出发，围绕其实质利益展开话题，这样做才能缓解客户的排斥心理。

我们来看一下下面这个案例中的销售员是如何做的。

一个销售节能电源的销售员在傍晚来到一家灯火通明，挂了很多彩灯和霓虹灯招牌的小型超市，并见到了老板。

他先通过与店主聊天的方式接近客户，然后赞赏店主采用大量光源吸引顾客的生意头脑，避免客户一开始就表现出冷漠的态度，并且巧妙地引出了与自己要推销的产品相关的话题。

销售员："老板，你们这条街道到了晚上因为路灯少，所以比较黑暗，各家门市的销售情况看起来都不是很好，唯独你的店，生意这么兴隆，我想都是这些霓虹灯起的作用吧？我也是被它们吸引过来的，从几百米外一眼就看到你们店面了。"

客户给我们的时间有限，并且他们多是心不在焉的，在客户思想不集中并且有限的时间里，用数字是最能快速打动客户的。为了突出效果，销售员在介绍产品能为客户带来的利益时，不以月或日为计算单位，而是以年为计算单位，通过这样的对比，可以突出产品能够给客户带来的利益，弱化商品的价格，抬高商品价值。

销售员："虽然顾客盈门，但是一年下来电费也不少吧？如果一个月电费是 500 元，一年就是 6000 块啊，我们公司最新研发出一种节能电源，节电率是 25% 以上，一年至少就能为你节省 1500 块，而一个电源价格是 92 元，可以用 5 年以上，5 年下来至少可以为你省下七八千块钱的电费，使用 20 多天就可以收回电源的成本。"

如果店主此时拒绝了，我们也不要继续喋喋不休，拉出一副你不买我就决不罢休的架势，那样只会适得其反。但是如果见客户拒绝便马上放弃，就是从一个极端走到了另一个极端，也是不可取的。此时应该采取的是看似要放弃的态度，一方面减轻客户的逆反心理，另一方面再进行争取。

销售员："看你们店铺生意这么好，很快就会扩展店面的，那样我们的产品能给你省下的钱就更多了。看得出你很忙，我就不多占用你的时间了，有空了你再考虑考虑。"

销售员:“因为我们的产品质量非常好,使用寿命是普通电源的几倍,即使当做普通电源使用,也是很划算的,更何况一年可以为你节约几千元,您是精明的生意人,这样的账不用我给你算。可能你担心的是效果吧?请放心,产品已经通过了权威认证,你有空的话我给你看一下相关的资料就全清楚了。”

通常销售员这样说,客户便会对材料表现出一些兴趣;如果把资料强塞给他,那么他就会不耐烦地扫上一眼,便扔在一边,打发你走。

当然,如果客户依然拒绝的话,我们就不要过多争取了,避免引起对方的反感。另外,销售员通常有这样的坏毛病,就是如果销售没达成的话,态度会急转直下,甚至临走还会甩出两句难听的话,这是销售的大忌。首先这是违反职业操守的行为,如果有这样的心态销售员自身也很难成长。而且,即使客户当场拒绝了你,也不等于销售的彻底失败,一次就推销成功的情况比较少,销售员这样做等于自己放弃了生意。

销售员:“老板,那我就不打扰你了,给你留个名片吧,需要的时候联系我,相信你会做出节约大量开支的决定,祝你的生意更加兴隆。”

总之,我们要尽可能地重视与客户的初次沟通,但是又要避免急功近利给对方造成的反感。拜访前先想好谈话的切入点,谨慎对待客户的排斥心理,争取获得更多可以进行再推销的目标客户。

第八章

报价巧才能卖得好——用『心』游走于价格与价值之间

在销售谈判中，销售员希望自己的产品能够卖上一个好价钱，客户也希望自己能够买到便宜货，于是一场价格大战不可避免地开始了。销售员要想在这场价格战中取胜，就必须掌握谈价格的艺术，其中最关键的一点就是要懂得客户在谈价时的心理，这样才能找到应对的策略，从而轻松地游走于价格与价值之间，让客户高高兴兴地签单。

《销售一定要懂的心理学》

报价巧才能卖得好

在销售进入成交阶段时，就要谈及价格的问题。这时，销售员千万不可以小视关于价格的谈判，要知道客户总是希望价格越低越好，所以在谈判的过程中，他们会绞尽脑汁地“逼迫”我们降价、让步。如果我们不能够很好地掌握客户的心理，运用一些报价策略的话，那么很可能一不小心就掉进了客户设计的陷阱，使我们的利润受损。

下面为大家提供一些专门针对客户心理而设计的报价策略，供大家参考。

1. 开盘价应当报得高些

销售员在报价时，一开始就要把价格报得高一些，这是因为：

(1)开盘价给我们的要价定了一个最高限度。开盘价一经确定，一般来说，我们就不能再提出更高的要价了，更不能以为对方会接受更高的价格。

(2)开盘价会影响对方对我们提供的商品或服务的印象和评价。

(3)开盘价高，能为以后的磋商留下充分的余地。因为我们手里留着一些进行交易的“牌”。

(4)开盘价对最终成交水平具有实质性影响。我们的要求和目标越高，最终能得到的好处就越好。

开盘价要报得高些，但同时也必须合乎情理，要能讲得通。如果报价过高，讲不出道理，肯定也会让客户产生想法。客户会认为这是一种冒犯，如果在以后阶段的谈判中，对方提出质问，我们没有办法给出一个合理的解释。这样不仅让自己信誉受损，而且很快落到下风，被迫作出让步。

2. 要注意产品的报价顺序

例如啤酒报价，我们通常报一瓶的价格(1.5 元)，却不报一箱的价格(36 元)。因为整件报价不易换算成单价，而且整件价目大，一时之间会给人留下高价的印象。

再比如：一位销售员向一位画家销售一套笔墨纸砚。如果他第一次报高价，画家可能根本不买。但他可以先报笔价，要价很低；成交之后再谈墨价，要价也不高；待笔、墨卖出之后，接着谈纸价及砚价，这时却抬高价格。

画家已经买了笔和墨，自然想“配套”，不忍放弃纸和砚。这样，销售员获得的利润一点都没有减少。

3. 报价要明确、语气要坚定

报价要非常明确，以便对方准确地了解我方的期望。我们可借助于直观的方法进行报价，比如，在宣读报价表时，拿出一张纸把数字写下来，并让对方看见，这样就能使报价更加明确无误。

提出价格问题时，语气要坚定不移，就好像没有任何商量余地一样。如果我们用“大约”、“据说”、“大致”这样一些词，客户就会把这作为价格还有商量的余地的信号。所以，开盘报价或向对方提出的要求要坚决而果断，不要给对方留下余地。这样，也能够让客户感觉到我们做事的认真和实在。

在向客户报出价格时，没有必要为那些合乎情理的事情进行解释，因为对方肯定会对有关问题提问的。如果在对方提问之前，我方就沉不住气、加以主动说明的话，往往会使客户从我们多余的解释中看出我方最关心的问题，这些问题也许是他们过去从来没有考虑过的，这样就给我们带来了不必要的麻烦，给价格谈判增添了阻力。

尤其需要注意的是，千万不要准备一份带有详细论证的长篇陈述交给客户。这样，由于你给出的信息量太大了，客户不可能一下子消化掉这么多材料；这样的长篇大论也无法吸引客户的兴趣，客户很可能连看都不看。所以，报价一定要简单明确。

4. 对于先报价还是后报价要相机而动

应该是由我们先报价还是客户先报价呢？如果是我们先报价，我们可以将价格限定在一定的范围内，如果客户不想丢掉生意，就很难把这一价格动得太多，最终协议将在此范围内达成。而且先报价可以让我们在整个谈判与磋商过程中起主导作用，故先报价比后报价影响要大得多。

不过，先报价也存在风险：很有可能我们的价格报得不够高，这就损失了许多；或者也可能开始的要求高得有些荒唐，根本不可能达到；对方听了我方的报价后，可以对他们自己的想法进行调整，修改自己的报价，获得本来得不到的好处。

那么，我们究竟是先报价还是后报价呢？如果我们预计到谈判一定会争论得十分激烈的话，那么，我们就应先报价以争取谈判主动权；而如果我们是按照惯常的例行程序进行谈判，那么，可以先报价，也可以后报价。

一定要让客户讨价还价

很多销售员为了促成交易，当客户一开始讲价时，他们就大方地表示同意，丝毫没有跟客户讨价还价。销售员以为这样做是在让利给客户，会赢得客户。其实他们没有意识到，这样做反倒让客户对自己的报价后悔，从而产生得寸进尺的心理，迫使我们不断让步；同时商品在客户心目中的价值也在逐步打折。

客户的购买心理就是这样的，他们既希望商品非常有价值，又希望能以最低的价钱购买到商品。因此，销售人员一定要懂得客户的这种心理。首先要对自己的产品充满信心，并且不轻易做出让步，要先让客户感觉这个商品真的是物有所值。如果客户实在要求降价的话，那么一定要与客户讨价还价，这样做既保持了商品本身的价值感，同时也缩小了你让步的尺度，并且让客户在获得商品后感到心满意足。所以，销售人员在交易的时候千万不要急于求成，太快的交易只会让双方都不满意。

一对夫妇购买挂钟的经历就说明了销售员过快地接受顾客的价格要求实在是失策之举。

一对夫妇在翻着杂志时，在插页广告中，看到一座古式挂钟被用来当做背景，衬托出非常优美的气氛。

太太说道：“你瞧这钟多美！若是挂在家里的走廊上或是大厅中，那就再好不过了。”

先生回应道：“是呀，我也正想买个类似的钟挂在家中，只是不知道要多少钱，广告中并没有提到钟的价钱。”

经过三个月的寻觅，他们终于在一项古董展示会场的参展商品中，找到了这座挂钟。太太兴奋地说：“就是它，就是这个！”

“对呀！就是这个。”先生答道，“但是我们说好了，如果这个钟超过五百元我们就不买了。”

于是先生向销售员问道：“这个钟二百五十元，卖不卖？”销售员丝毫没有犹豫，说道：“这钟是你的了。”

这位先生的反应会如何？他会得意扬扬、沾沾自喜地想：“马到成功，而且省了一半的钱?”肯定不会的,他的第一个反应必然是:“销售员都没有同我讨价还价,看来我出一百五十元就可以买下它了。这钟不会有什么质量问题吧。”

当他提着钟走向停车场时,又对自己说道:“这钟应该很沉才对,怎么这么轻呢?里面的零件一定有少的。”

这座美丽的钟挂在家里的走廊墙壁上,而且滴滴答答走得很准确,可是这对夫妻的心情却轻松不起来。为什么?只因为他们认为推销员“厚颜无耻”地收了他们二百五十元。

在销售中,如果销售员想通过让利来促成交易的话,那么他应该让客户明白自己的良苦用心,否则不但自己损失了利润,客户也不会感谢你。就如在上述案例中,其实客观地说,这个价格对销售人员来说已经很低了。但是销售员不仅没有赚到多少钱,而且也没有让客户感到实惠,反而让客户觉得自己上当了、买贵了。这样做就是销售员的失败了,他的失败之处就在于不懂得客户的心理,没有跟客户讨价还价,满足客户讲价的成就感。

所以,销售员一定要引以为戒,在谈价格时,要提高期望值,不要这么容易就达成协议,要让顾客感觉到你是在割爱,你是很不乐意以这么低的价格把产品给卖出去的,让他们感激你,并且感觉从你这里占到了一些便宜,这样他们才会心满意足。

怎样拒绝客户不合理的价格

在销售谈判中,其实不仅客户有权利拒绝,销售员也要学会适时拒绝,尤其是当客户提出一些无理要求,开出不合理的价格时更要据理力争。排除客户没有购买诚意、不想成交的情况,客户之所以会提出不合理的价格,是因为他想试探一下我们,摸清我们的底,以便获得更多的利益。所以,我们要懂得客户的这种心理,不必担心拒绝客户的价格要求会使交易失败。

面对客户开出的不合理的价格,优秀的销售员不仅能够及时识破客户开出不合理价格的心理,而且他们也会以充分的理由彻底改变客户的初衷,达到销售目的。他们常用这样一些应对方法:

1. 突出产品的独特

要向客户突出产品的独特之处,并且强调这些优势是我们的竞争对手所没有的,是不可替代的。要让客户感到如果不在我们这里买,对他来说将是一个极大的损失,迫使他自己主动让步,抬高产品的价格。这需要动一番脑筋,实行个性化生产或者个性化服务,让客户觉得我们的产品或服务是独一无二的。

比如,我们可以这样对客户说:"刘先生,我知道您觉得多付150元不值得,我知道您很担心,但您要知道,我们厂生产的西服,工艺和面料都是非常讲究的,它的设计风格更是独一无二,是其他厂家所不能比的。所以,对于这么好的产品,您却开出了如此低的价格,这是我们所不能接受的。"

2. 强调产品能够给客户带来的好处

我们要把着眼点放在产品的使用价值上,你可从产品能为客户节省费用、增加收益等方面入手,提示产品给客户带来的效益有多大,这也是打动客户的有效方式,让客户在衡量利弊得失后,觉得自己给出的价格确实不太合理。做到这一点,需要你清楚地知道你的产品能为对方带来什么好处,并事先塑造好你的产品优势。

比如:"是的,我知道这份建议书意味着你得增加一大笔广告预算。但是,它会大幅度提高产品的销量,产生更高的利润,一句话,它会为你带来更多的收益。"

"投资5万元,购买我们的设备和原料,产品的市场销售没有问题,按照每月的产量和产品单价计算,您实际上三个月就可以完全收回投资。"

3. 发挥产品的比较优势

比较法是以自己产品的长处与同类产品的短处相比,使其优势更突出。

如果你确实不能够接受客户开出的价格,那么你必须清楚明确地解释自己的理由。

销售员如果能够将竞争对手、同类生产企业和产品供应商的产品优势和价格如实地说出来,有时可以把这些资料写在纸上,形成文字的东西,通过比较我们就可以让客户看出我们的产品不但质优而且价格也很合理,如果客户再压低价格的话,那么就是没有道理的了。

具体我们可以这样做:

(1)请客户提示比较标准。

价格是否昂贵，往往都是相对而言的。如果客户提出价格太高，销售员可以通过“您是否能告诉我们，您是与什么比较而认为我们的价格太高呢”这类问题，请客户提示比较标准，这样做的好处在于：如果客户是随便说说，并没有依据，这时他就可能放弃自己的不合理的价格；如果客户能够明确地指出来，那么他表达得越具体，销售员获得的信息就越充分，也好从中找到说服的依据。

（2）与同类产品进行比较。

客户：“我在别的商店看到一模一样的提包，只卖25元。”

销售员：“当然卖25元了，那是合成革的。皮件材料有真皮的，有合成革的，从表面看两者极为相像。您用手摸摸，再仔细看看，比较一下，合成革哪能与真皮提包相提并论？”

总之，面对客户不合理的价格，我们不能够轻易妥协，要让产品充当我们的“代言人”，让客户自己意识到我们的产品是物有所值的，从而收回不合理的价格要求。

多谈价值，少谈价格

客户在接触产品初期，都会不由自主地问一句：“这个产品多少钱？”我们在日常生活中作为客户也是一样，比如某天你去买衣服，摸一下衣服，你接下来的反应就是问老板，这衣服多少钱。客户的初期问价大部分是因为对产品价值不太了解，以最初的价格来判断产品的价值。如产品贵，他们就认为价值高，便宜就会认为价值低。

所以，销售员一定要认识到客户的这种心理，设法使顾客理解我们产品的价值，让他们相信产品的价格与价值是相符的。如果我们的产品价格比竞争者的产品价格高，那么就需设法使顾客理解我们的产品在质量、性能及服务等方面优越于竞争者，使顾客理解优越部分的价值与价格差是相符的。

有时候，客户还没仔细听我们介绍产品，就非常着急地问：“这款多少钱？”一些没有经验的销售员可能就会直接回答客户我们的产品现在价格是多少。而优秀的销售人员则会先夸奖客户的眼光独特，再介绍产品的价值，但不提价格，只说产品有些贵。等客户对产品的价值有所了解后，再提到价格。

比如客户问:“这件裤子多少钱?”

销售员回答:“先生,你真有眼力,这种裤子是用纳米材料做的,防水、耐脏,不褪色。质量比一般裤子要好,所以有些贵。”

“那到底多少钱呢?”

“400 元一条”

这时,客户可能会产生两种不同的回答:

第一种:“这还叫贵啊,我买的就是这种。”

这种回答是最理想的情况。

第二种:“哦! 是有些贵。”

由于销售员已经向客户讲清楚了产品的价值,这个时候客户就已经知道贵的理由了,所以销售人员可以顺势讲下去,客户就比较容易接受。“一分钱一分货嘛,像你这样高级的知识分子,买衣服就要上档次,才能符合您的身份。而且这条裤子洗的次数会很少,这样算下来比其他裤子更值呢,您说呢?”

在生活当中,每个人虽然都在穿衣服,很少有人能对衣服进行专业的鉴别,不光是衣服,我们在买车、房子、家电、吃的食物等时,都是凭经验。比如,我们以前买的裤子都是 200 块一条,如果销售人员没有事先告诉我们产品的价值有什么不同,那我们就以为裤子都是一样的,超过 200 块就是贵了,我们认为是商家把价格标得太高了,而不是产品有什么特别,这个时候销售人员再作解释,客户通常认为是借口。

下面我们来看一下销售员老吴是如何引导客户多关注产品的价值,从而将产品成功卖出去的。

顾客:“请问你这里有没有风格时尚一点的橱柜?”

老吴:“有啊,欢迎您! 请跟我来,这边就是。”

这时客户反复看一橱柜。

老吴:“先生,我帮你打开上下柜看看? 这里顺便问一句,您比较看重产品的功能还是款式?”

顾客:“我觉得都很重要。”

老吴:“根据你的要求这一款比较适合。您看,这款橱柜最大的特点在于其设计比较时尚大气,同时处处独具匠心,比如你看那三个抽屉的设计,就……此外它的功能性也很强，由于设计巧妙，比一般的橱柜使用面积大了20%……”

顾客：“那它要多少钱呢？”

老吴：“先生，我想请教一下，你之所以购买橱柜主要是想解决什么问题呢？是不是搬了新家想换新的？还是原来的橱柜不实用，太旧了，还是其他？”

顾客：“我搬了新家，所以看看有没有更时尚一点的橱柜。”

老吴：“哦！这样啊！那么请教一下，您说的时尚是指哪几个方面？”

顾客：“设计要时尚新颖，但要保证功能。”

老吴：“那这一款还是不错的，名师设计，空间利用率很高……”

老吴：“这个橱柜还有一个最大的好处就是可以灵活选配，如果你的厨房够大，需要放很多东西的话，可以加宽。你觉得多宽比较好？”

顾客：“像这么大应该差不多了。”

老吴：“你再看看下柜里面，分为多层，第一层……不但功能多，而且非常美观，对了您家里装修是什么风格的啊？”

顾客：“属于欧式的，暖色为主。”

老吴：“这种颜色和风格最适合了。你以前听说我们的××品牌吗？”

顾客：“听过一两次，你们是不是在什么电视上打过广告啊？”

老吴：“是啊！你真细心啊！我们这边还有一份资料，你可以看看。”

顾客：“这橱柜多少钱啊？”

老吴：“上柜是……下柜是……台面是……总共是……”

顾客：“这么便宜啊，我还以为这么好的橱柜会很贵呢。”

在这个案例中，老吴的成功之处就在于，当客户询问价格时他并没有直接回答，而是采取了“忽略法”，先向客户介绍橱柜的价值，强化对产品的介绍。其实老吴的想法很简单，这款橱柜价格非常贵，而客户一开始就关心价格，说明他对价格还是挺敏感的，所以在客户对产品还缺乏深入了解的情况下贸然报价只会导致提前进入价格谈判阶段，这时跟客户谈价会陷入一种比较被动的局面。如果让客户先认识到产品的诸多优点，激起客户的购买欲望，然后再报价，虽然价格高一点，客户也会觉得物有所值，能够接受。

总之，销售员要牢牢把握住客户“对某种产品的需求越是强烈，他对该产品的价格就越不重视"的心理。在谈价格时要注意先价值,后价格;多谈价值,少谈价格。

运用产品比较法,促使客户自动加价

有很多销售人员都认为不能对客户讲竞争对手产品的不好,以免引起客户的反感。其实,这并不是绝对的。在双方信赖感还没有建立的时候,客户和我们站在对立面,这时去做竞品分析,客户可能会很反感;可是当双方商谈融洽,客户又接受了我们的产品或解决方案时,客户便会非常期望我们做竞品分析,听一听其他品牌产品的缺点。

因为在这时,客户最害怕自己所做的购买决定是错的,运用产品比较法,与竞争对手的产品或与自己的价格相对较低的产品进行全面的比较,一方面可以增强客户对所购买产品的信心,为客户证明自己的选择是明智的;另一方面也可以为自己产品的定价提供理由,让客户感到确实物有所值,促使他在内心里对产品形成更好的印象,从而自动为产品加价,起码在砍价时不会把价格压得过低。但是我们要注意在做产品比较时,一定要客观,不能对竞争对手恶意攻击,以免让客户产生怀疑心理。

要做产品比较,首先我们必须清楚产品的哪些方面容易影响客户对价格的判断。一般来讲,以下一些因素会影响到客户对产品价格的敏感度。

1. 产品的质量。如果产品的质量非常好,符合客户的心理、生理需要,具有很高的使用价值,那么客户对价格的高低就不是非常敏感了。反之,若质量差,客户对价格的高低就会非常敏感。

2. 产品的档次。一般来说,产品的档次越高,客户对价格反应的敏感度越低。高档产品一般是由购买力水平比较高的客户来消费,他们往往对价格的高低并不在乎,价格越高,越能满足他们的自尊和表现自我的消费心理需要。相反,低档商品的购买对象是具有一般购买力水平的买主,他们具有追求物美价廉的消费心理,因此,对价格高低较为敏感。

3. 客户对产品的需要程度。客户对产品的需要程度越高,对其价格的敏感度就越低。

4. 服务的质量。销售员在向客户推销产品时,如果能够保证为客户提供满意的服务，那么，即使我们所推销的产品比竞争对手的价格高一些，客户也会愿意购买的。因为，客户会把任何一种额外的服务项目，都看成是某种形式的减价。比如，推销员在向客户推销产品时，向买主提出一种保证，所推销的产品绝对货真价实，若发现是假冒产品，包退，包换，包赔。这样做可以降低客户对价格的敏感度，以稍微高一些的价格来换取购买的安心，客户会认为值得。

在了解了能够影响客户对产品价格的敏感度的一些因素后，我们就可以对症下药，各个击破了。

1. 用优质、档次高的产品与劣质、档次低的产品进行比较，使客户觉得物有所值

有一家珠宝店，由于店里的绿松石珠宝卖得不好，于是老板指示销售员将珠宝的标价降低一半，并把它和其他质量、品位相对较次的珠宝陈列在一起。销售员按照老板的指示把珠宝陈列好，但由于销售员看错了老板留下的便条，阴差阳错地将价格调高了一倍，结果令人吃惊，这批珠宝都卖掉了。

在这个例子中，绿松石珠宝之所以能够从滞销转为畅销，就是因为销售员阴差阳错地运用了产品比较法，把优质与劣质产品陈列在一起，使客户很容易认识到绿松石珠宝卓越的品质，虽然价格是原来的一倍，但客户并没有在意，因为通过与低档珠宝的比较，客户会产生物有所值的心理。

2. 比较产品的功用，让客户觉得我们的产品更能够满足他的需要

在消费过程中，人们对同一商品的价格有不同的看法，有的人认为很贵，有的人则认为很便宜。人们之所以会对同一商品的价格认识产生差别，其主要原因就在于人们对商品本身的评价不一样，而不在商品价格本身。如果你所推销的产品能够很好地满足客户的需要，那么即使价格很高，客户也会认为便宜。相反，如果客户认为这种商品对他没有什么用处，那么，即使价格很便宜，他也会觉得贵。

所以，只要我们所推销的产品是顾客需要的，那么，产品价格的高低对成交的影响并不大。因为客户对这种产品非常需要，他已把价格放在次要位置上，这无疑会对你的推销工作有帮助。因此，最关键的是，销售员要全面分析自己和竞争对手的产品的各方面的功用，突出自己产品更符合客户需要的地方，让客户认为自己的产品对他来说是最有用的。

3. *为客户提供比竞争对手更优质的服务*

优质的服务往往是吸引客户的法宝。在竞争非常激烈的情况下，卖方都会绞尽脑汁地做好服务工作，如果在服务上，竞争对手和我们做得同样好的话，那么客户就没有理由非选择我们不可了。所以我们一定要使自己的服务做得有特色，超过竞争对手，使顾客相信与我们交易是一笔非常划算的买卖，从而促使他们减少对价格的异议。

总之，产品比较法运用得恰到好处可以降低客户对价格的敏感度，帮助销售员在价格谈判中获得优势，运用不当的话就很有可能使销售功亏一篑，所以我们一定要把握客户的心理，谨慎运用。

"围魏救赵"杀价法

战国时，魏国将军庞涓率军围攻赵国都城邯郸。赵求救于齐，齐王命田忌、孙膑率军救赵。孙膑想到，魏军主力在赵国，魏国内部必定空虚，如果此时攻打魏国，庞涓闻讯必定撤兵回救本国，于是就带兵攻打魏国都城大梁。结果正如孙膑所料，魏军不得不从赵国撤军，回救本国。"围魏救赵"的典故就是这样得来的。

在这次营救中，孙膑没有以硬碰硬，直接赶往赵国攻打魏军，而是避实就虚，通过采用包抄敌人的后方来迫使其撤兵，成功地营救了赵国。这种"围魏救赵"的战术也可以运用于销售的价格谈判中。

我国某进出口公司同外商谈判就是运用了"围魏救赵"杀价法而取得胜利的。

我国某进出口公司从国外进口200万吨DW产品，该进出口公司考虑到自己的产品质优价廉，颇受消费者欢迎，各大厂家竞相订货，通过经营该商品也获利颇丰，尽管由于对方延期交货使公司失去几次展销良机，蒙受了一定量的经济损失，但为了双方长久友好的贸易往来，并未对外商提出制裁。

此后不久，DW产品在国内供不应求，该进出口公司准备进一步同外商洽谈重复进口该产品事宜。为给国家节约外汇资金，同时也为了降低进口商品的采购成本，提高公司的赢利水平，该进出口公司欲向对方提出降低价格10%的要求。

他们当然知道，在国际市场未发生变化的情况下，若在双方谈判一开始就提出该要求肯定会遭到对方拒绝，所以必须运用一定的谈判技巧。于是，该进出口公司经过研究，找到了问题的突破口，设计了一套颇为周密的谈判方案。

谈判伊始，该进出口公司就在上次那200万吨货物延期交货一事上大做文章。该进出口公司的代表说："由于你们上次延期交货，使我方失去了几次展销良机，从而导致我方遭受了重大的经济损失。"对方听罢，以为该进出口公司会提出索赔要求，自然心慌意乱，忙不迭地对延期交货问题加以解释，表示歉意，然后便诚惶诚恐地、心神不安地等着该进出口公司的反应。此时时机已成熟，该进出口公司趁机提出削价的要求，明确指出希望上次延期交易的损失能通过这次减价10%来弥补，对方无奈，只好表示同意。

于是，该进出口公司又乘胜追击，提出由原来的预定的200万吨增加到500万吨，对方最终不得不在合同上签字，谈判圆满成功。

有经验的销售员能够很好地把握客户的心理，在谈判中常常避免就自己真正关心的问题进行强攻，而是避实就虚，顾左右而言他，绕道迂回前进，使对方顾此失彼，最终不得不妥协。在这个案例中，我方谈判者正是巧妙地运用了"围魏救赵"之计，分散对方注意力，使对方乱了阵脚，结果谈判一举成功，达到了预期的目的。

但是要注意，在与客户进行价格谈判时，要想成功地运用此计，我们就必须等待时机，要确保能够抓住对方的要害处，如果自己提出的理由不能够给对方造成实质的威胁的话，那么也就没有什么意义了，反而暴露了自己的想法，让对方有机可乘。

巧用皮格马利翁效应，坚持自己的价格期望

古希腊神话中有这样一则故事：塞浦路斯国王皮格马利翁性情孤僻，常年一人独居。他善于雕刻，孤寂中用象牙雕刻了一座表现了他理想中的女性的美女像。久而久之，他竟对自己的作品产生了爱慕之情。他祈求爱神阿佛罗狄忒赋予雕像生命，阿佛罗狄忒为他的真诚所感动，就使这座美女雕像活了起来，皮格马利翁遂娶她为妻。有心理学家把这则故事称为皮格马

利翁效应，用来说明给予一件事情的期望越大，事情就越可能办成。皮格马利翁效应也可以帮助销售员在销售中取得好的业绩。

我们都有过这样的经历，去买东西时，当售货员说了一个我们并不满意的价格之后，我们理所当然地砍价，如果售货员最终坚持的最低价高于我们想要出的价位，我们可能会不买。但是当我们走掉的时候，我们会这样想：可能真的这个物品值这么多钱，售货员的价格应该已经到了最低价了，要不然回去买了好了，还是挺划算的。然后我们折回去买了，还挺高兴的。觉得自己费尽了一番心思终于以最低价买到了。是不是最低价呢？不一定。但是可以肯定的是这个售货员是一个成功的推销人员。他面对客户的砍价并没有立即退让，而是坚持自己的价格期望值，最后不但没有失去客户，反而让嫌贵的客户下定决心购买。皮格马利翁效应在这个销售员身上发挥了作用。

因此，每一个销售人员都应该对产品的价格有一个坚定的期望值，不要随便降低它。其实销售员应该明白一个道理，不管你产品的价格有多低，顾客的心里总会有要你再便宜一些的想法，即使他知道这个价格已经很合理了。你需要做的应该是了解客户的这种心理，尽量用你的销售能力来影响顾客，让他们的期望值降低，这样你才能在销售中得到更多的利益。薄利多销是一种销售方法，但是不要随时都用。

下面这个案例中的汽车推销商就是坚持自己的期望值不变，通过降低客户的期望值，让本来嫌贵的客户下定决心购买的。

最近赫伯特先生想买一辆新车。他和当地的经销代理商取得联系，和他们进行谈判。赫伯特嫌对方的车卖得贵，希望能够打折。但代理商告诉赫伯特说这些汽车卖得非常好，以至于缺货。订单已经签到 8 个月以后。而从生产线上下来的汽车要比订单出售高出 3000 元，如果他确实想买一辆，必须先付 1000 元的定金，在销售单上登记等待发货。

赫伯特先生的一个原则是从不为任何产品交定金，但迫切的心情使他改变了这个原则。他的目标降得非常低，以至于不仅付了 1000 元定金，而且还非常感激他们把赫伯特这个名字记在等待名单上。因此，谈判的结果是：赫伯特付了 1000 元定金，等待八个月，得到附赠的一油箱汽油！

后来他想，如果自己坚持和汽车商谈判一下，也许不用付那么多的定金也可以。但是自己的期望在当时已经降低了，降到了能买到车就可以的地步,就没有顾及那么多了。

在这个案例中,汽车推销商不仅成功地推销出去一辆车,还让客户感激涕零,就是因为他成功地坚持了自己的期望,并运用了一些策略来使这位嫌贵的客户一步步妥协、下定决心购买。

所以,每一名销售员都要有这样的意识,不能随便降低自己的期望值。记住:你不坚定你的期望值,顾客就会帮你降低它;期望有多高你的成就就有多高;不要急于达成交易。当然,提高自己的期望值也要注意保持在一个合情合理的范围内,不能太过刻板。

留面子效应:让顾客高兴地去"上当"

我们在商场购物时,或许都有这样的经历:你看中了一件衣服,一问价钱居然要 300 块。你打定主意这件衣服最多出 180 元。"对半砍"总不会错,于是你对售货员说:"150 元行不行?"

"150 元我连本钱都没有收回来,实在亏大了。这样吧,你再加一点,我就算给你带一件。"

"我最多出 180 元。"

"成交!"

你正偷着乐,以为只有自己掌握了砍价的"秘籍",其实你不知道,精明的售货员早就摸透了你的心理,在砍价时运用了一个小小的心理策略,让你高兴地"上当"了。

那么究竟是什么心理策略如此神奇,可以让客户高兴地"上当"呢?这就是"留面子效应"

心理学专家查尔迪尼等人曾做过一项被称为"导致顺从的互让过程"的研究。研究人员将参与实验的大学生分成两组,对于第一组大学生,研究人员要求他们带领少年们去动物园玩一次,需要两个小时,但只有 1/6 的大学生答应了这个请求。对于第二组大学生,研究人员首先请求他们花两年时间担任一个少年管教所的义务辅导员,这是一件费时费力的工作,几乎所有的大学生都谢绝了。他们接着提出了一个小的要求,让大学生带领少年们去动物园玩两个小时,不就两个小时嘛,太容易了!第二组大学生里一大半学生都答应了这个请求！

在向别人提出自己的真正要求之前，先向别人提出一个无法接受的大要求，待别人拒绝之后，再提出自己真正的比较小的要求来，别人答应自己要求的可能性就会增加。这就是留面子效应。

心理学家认为，留面子效应的产生，主要是因为人们在拒绝别人的大要求的时候，感到自己没有能够帮助别人，损害了自己富有同情心、乐于助人的形象，辜负了别人对自己的期望，会感到一点内疚。这时，人们为了恢复在别人心目中的良好形象，也为了达到自己心理的平衡，便欣然接受了对方提出的第二个小一点的要求。

“留面子效应”在销售中运用得很广泛，销售员往往抓住客户的这种心理，在卖东西的时候先开出一个顾客不能接受的“天价”，当顾客一再砍价时再逐渐地降低价格，结果既满足了客户的心理，又降低了价格谈判的难度，轻松地取得了利润，获得了双赢。

销售最理想的结果就是双赢，顾客买到了满意的东西，售货员得到满意的佣金，这样的交易才能做得长久。因此推销员要学会这种让顾客高高兴兴“上当”的心理策略。

下面就是一个利用“留面子效应”的成功案例。

某工厂自己创立了一个服装品牌，准备打开内地市场，奈何产品推出后经销商反应平淡，结果导致产品积压。

后来，他们趁当地举办一场全国性服装展览会的时机，邀请了全国一百多家经销商来参展，所有的路费住宿等费用全包，果然客商纷至沓来。

经销商来到当地后，该工厂先安排他们参观展览会，然后安排他们游玩当地的风景名胜。到第四天，该厂把他们集中到厂里召开一个内部交流会。会上该厂老总提出了一个要求：“请大家协助我们在当地开一家我们公司所经营的品牌的专卖店。”老总把开店的费用逐项列了出来，大概要十几万元。这一下所有的客商都不敢吭声了。老总见时机已到，马上按计划提出第二个请求：“如果大家觉得开专卖店有困难，那就以后再说，但现在还是先请大家带点货回去试销一下，如果销量好，大家对我们的品牌有信心，我们再谈专卖店的事。”经销商听到这个请求不难做到，便纷纷答应了，并且对产品的价格也没有提出过多的异议。这样，积压的产品也就解决了。

在这个案例中，该厂老总运用的就是留面子效应，开专卖店只不过是个幌子,老总知道没有人会投十几万元冒这个险,所以他随后又把要求降低,给客商一个台阶下,从而达成自己真正的目的。

总之,销售员应该善于运用“留面子效应”,先报出高价,给顾客留一个讲价的空间。

表现出不情愿,让客户觉得自己占了便宜

在客户做出购买决定后,销售人员切忌眉飞色舞,过于兴奋,因为这样会给顾客造成一种负面的心理感受:“这小子占我便宜了吧?”“他那么高兴,产品不会有什么问题吧?”“我是不是吃亏了?”等等。因此,销售员要学会扮“鬼脸”的谈判心理技巧,即不让客户在表情和肢体语言中了解到我们的心理意图,这对商务洽谈很重要。

比如,销售员在讨价还价中通过表情和肢体语言给顾客传递出不情愿,无利可图,甚至是赔本的视觉信号。虽然我们都知道“买家没有卖家精”的道理,但是对于对方这样的反应,客户还是会觉得占到了便宜。

王先生有艘帆船,他迫切地想卖掉它。虽然当初刚买来的时候这艘船给他带来很多乐趣,但现在他几乎用不着它了,保养和磨损的费用更是让他承受不起。

星期天,王先生在海边洗船,正在这时,他抬头看见一对穿着考究的夫妇向他走来。他们在王先生的船边停下来,丈夫对妻子说:“咱们把它买下来划船吧,我们一定会很开心的。”此时,王先生感觉很高兴,终于有人想买自己的船了。但是王先生并没有把这种高兴的心情表现出来。因为王先生知道要想把船卖个好价钱就必须装成不情愿的卖主。

于是,他一边擦船一边说:“欢迎上船,尽管我还没想卖掉它。”他带着这对夫妇去兜风,并告诉他们他多喜欢这条船,它给他带来多少乐趣。最后他还告诉他们:“我真的忍受不了同它分开,但是我能看出你们很喜欢这条船,这样吧,说说你们能够出的最高价格。”

于是这对夫妇对王先生说:“看您如此喜爱这只船,我们也不忍心给您太低的价格,这样吧,您看我们出 30 万如何?”

听到这对夫妇的报价,王先生流露出犯难的表情,不情愿地说:“您出的价格太低了,我实在舍不得卖,这样吧,您再加三万怎么样?”

这对夫妇说:“好吧,成交。”

其实,在客户报价前,王先生心里想:“客户可能愿意出30万元,25万可能比较公平,20万就是笔不错的买卖了。”结果,成交价格与自己的预期相比高出了许多。

在这个案例中,王先生通过扮演不情愿的卖主,使客户感到这艘船的珍贵以及购买的阻力,所以客户为了能够得到它,只好开出高一点的价钱。如果王先生表现出急着卖掉船的样子,客户便抓住了他的软肋,很可能给他低于预期的价格。

有一个谈判高手是个相当有实力的投资商,全城都有他的房地产。和很多投资者一样,他的策略很简单:以低价买进,握在手里别撒手,让它升值,然后以更高的价格卖掉。有很多小的投资者主动找上门来要买其中一部分地产,此时他总是运用不情愿的心理策略。

他静静地看着报价单,看完后丢到桌子上面,说:“我想你知道,在我所有的资产中,我对这一块情有独钟。我正考虑把它作为礼物送给我的女儿。除非你能给我个全价,否则我还真舍不得出手。”通过运用这种假装不情愿的策略,这位投资商能够轻松地在价格谈判中取得优势。

客户常常有这样一种心理:销售员越舍不得卖,那么产品就一定越好。越是难以得到的东西,客户就越想得到,所以,销售高手应该像这位投资商一样,懂得客户的心理,知道如何扮演不情愿的卖主,成功地激起客户购买的欲望。这样,才能保证产品卖上一个好价钱。

第九章

心理博弈的最高境界是『双赢』而不是『零和』——谈判是场『心』与『心』的较量

在与客户的面对面谈判中，其实占主导地位的是双方心与心的较量。在这场较量中，双方都想占优势，销售员除了要掌握一些制胜的技巧法宝外，还要认识到一点，即心理博弈的最高境界是“双赢”而不是“零和”。其实我们和客户的利益是密切相关的，如果客户因购买了我们的产品而发生损失，那么我们的利益和信誉也会跟着受损。所以要想我们的销售事业蒸蒸日上，就必须与客户互惠互利。

欲擒故纵，放长线才能钓大鱼

相信销售员都有这样的感受：在销售的最后关头，也就是让客户下定决心掏钱买东西的时刻，往往是最艰难的。半路离开销售这一行的人，十有八九是因为始终未能掌握好促使对方下决心掏钱的功夫。

其实，客户犹豫不决的心理是可以理解的。一般人在做出某种决定时，难免再三考虑，如果这个决定需要他掏腰包，更是需要慎重决定。所以，客户在抉择的时候需要其他人帮忙促使他下定决心，推销员就要为客户充当这样的角色。不过，人都有自尊心，不喜欢被别人逼得太过分，不愿意“迫不得已”就范。

俗话说得好：“兔子急了也会咬人。”在对方仍有一定实力时，逼得太急，只会引起对方全力反扑，危及自己。因此，高明的军事家会使对手消耗实力，丧失警惕，松懈斗志，然后一举擒住对手。以“纵”的方法，更顺利地达到“擒”的目的。

销售员做销售也是一样。比如，我们可以这样对客户说：

“这件艺术品很珍贵，我不想让它落到附庸风雅、不懂装懂的人手里。只有那些真正有品位，真正热爱艺术，真正懂得欣赏的人，才有资格拥有这么出色的艺术珍品。我想如果您不感兴趣，我也就不再勉强了……”

“我们准备只挑出一家打交道，不知道你够不够资格……”

“我知道，你们不想被人逼着买下东西，但是我更希望你们走的时候带着成就感。你们好好商量一下吧。我在旁边办公室，有什么问题，随时叫我一下。”

另外，还可以在动作上，轻轻地把对方正爱不释手的商品取回来，造成对方的“失落感”。还可以让对方离开尚未看够的房子、车子，都是欲擒故纵动作。采用这一类动作时，掌握分寸最为关键，万万不能给人以粗暴无礼的印象。

在销售中，有时候即使双方都做出了让步，推销仍然陷入僵局时，你便可以采用这种以退为进的办法，迫使对方接受推销条件。但是还需要注意，你必须确信推销双方还存在共识，而且主动权在我们手里，你有绝对取胜的把握才可以，否则决不能纵敌。猫抓老鼠，经常玩“欲擒故纵”的把戏，就是因为猫有必胜的把握。

一次，我国某市在与沙特阿拉伯某大型企业的销售谈判中，双方耗数月之久，耗资亦达几万元。虽然达成了一些初步协议，但在推销进入关键时刻，沙特方面派出一员大将，他全盘否定了以前达成的所有协议，要求从头开始。当时双方争论起来，气氛十分紧张。

我方负责人即该市市长经过一番缜密思考后，突然拍案而起，说道：“看来我们无须再继续浪费时间和精力了。既然贵公司全盘否定以前的推销，我们也只好放弃，另谋他路了，先走一步。”说完，他带着随行人员撤出推销席。

市长秘书不解地问市长：“我们是否太过急躁了？”市长笑了笑答道：“我们又不是真的离开，走，到我的房间去等着。”结果，半小时后，沙特代表即同意对双方协议做出全面让步并声明以前谈判完全有效。

在上述这个案例中，这位市长就是在有必胜的把握的前提下，巧妙地运用了欲擒故纵的方法，使对方被迫妥协的。可见，在销售谈判中，掌握客户的心理，适当运用一些心理战术能够起到意想不到的作用。

另外，在“退”的过程中也要做到恰到好处，这需要销售员有老练的经验和娴熟的口才技巧，对客户的反应能够做到察言观色。下面案例中的女推销员就将这一点做得很到位。

有一个女推销员推销一套价格相当高的百科全书，但取得的业绩却惊人。同行们向她请教成功秘诀，这位美丽的女推销员说：“我选择夫妻都在家的时候上门推销。我先对那位丈夫说明来意，进行推销。讲解结束后，总要当着妻子的面对丈夫说：你们不用急着做决定，我下次再来。这时候，妻子一般都会做出积极反应。”

在促成时，上述女推销员善于把握时机、察言观色，充分利用自己的经验及女客户的心理，让她认识到“再次商谈”有害无益，从而做到让客户立即成交。销售员应该学着慢慢积累这方面的经验。

俗话说：“放长线钓大鱼。”所谓“长线”就是“故纵”的“纵”。很多销售员害怕如果一不小心弄断了“线”，就钓不到鱼了。那么请你换位思考一下，当一个推销员对你说：“也许，这个不适合你，我劝你还是不要轻易地购买。”你会多么轻松，多么感动！同样，你把这句用在客户身上，效果不是一样吗？

勇敢点，说出：“恐怕这个不适合你的情况，请你慎重考虑！”这样，客户反而更愿意成交。

退一步来讲，一个人要想钓大鱼，总得经过几次鱼饵被吃掉，鱼钩被摆脱的教训。就算丢掉一两笔生意也没有关系，注意总结经验教训，不断学习了解客户的心理。这样，鱼饵会做得越来越香，鱼钩也放得越来越巧妙，线也会越来越结实，一拉一放掌握好节奏……总有一天，你会发现，你运用欲擒故纵的策略已经炉火纯青了。

永远不要接受客户的第一次开价或还价

在销售中，常常有一些销售员生怕客户跑掉，所以就轻易地接受了客户的开价或还价，这样做是不可取的。销售员千万不要接受客户第一次开价或还价，这是因为人都有这样一种心理：越容易得到的东西越感到不可信。如果客户第一次开价或还价销售员就接受了，那么客户很可能就会想：他这么容易就接受了我的报价，是不是产品存在什么问题呢？看来价格还可以再压低。如果让客户产生这种想法，那么销售员就会在谈判中处于很被动的地位。

客户老王在一家房地产公司担任总裁，一天，一位杂志广告推销员来到老王的办公室，向他推销他们杂志的广告空间。老王非常熟悉那家杂志，知道这是一个很好的宣传机会，所以老王决定在这家杂志上刊登广告。而且推销员给出的报价也非常合理，只有一万元。

但老王把价格降到五千元，令老王没想到的是，销售员马上就同意了这个价格。你能想象老王当时心里在想些什么吗？没错，老王在想：“天啊，既然我能在一开始就把价格从一万元压到五千元，如果继续谈下去，不知道还能压到什么价位？”于是老王开始运用“更高权威法”，老王告诉销售员：“看起来不错，可我必须先征求一下管理委员会的意见。他们今天晚上就有一次会议，我会把这件事情告诉他们，然后再给你最后答复。”

几天以后，老王给那位推销员打电话，告诉他：“这件事情确实让我太尴尬了，你知道，我本以为完全可以让管理委员会接受五千元的价格，可结果却发现很难说服他们。公司最近的预算情况让每个人都大为头疼。他们给了一个新的报价，可这个报价实在太低了，我都不好意思告诉你。”

电话那边沉默了好长一段时间，然后传来一个声音：“他们同意付多少钱？”

“三千元。”

“可以。”销售员说道。就在那一瞬间，老王突然有一种被骗的感觉。虽然老王已经把价格从一万元谈到了三千元，可老王仍然相信自己完全可以把价格压得更低。

案例中的销售员是非常可悲的，他给客户那么低的价格，可能自己的提成没有了、奖金没有了、回去也会被老板狠狠地骂一顿。他付出了这么多，但客户却没任何的感激之情，反而有一种被骗的感觉。问题就出在销售员第一次就痛快地接受了对方的报价，不敢还价，最后把自己逼到了死角。

拿破仑曾经说过：“指挥官最不可饶恕的罪过就是凭空想象——假想在已知情况下敌人行动的方式，而敌人的反应则可能完全不同。”销售员也是一样，不要在心里凭空猜想客户会出的最低价，结果往往会出乎你的意料，你认为的价格也许要远远低于客户心里的原定价位。所以在销售谈判中，销售员要掌握客户的心理，即使对方开出了我们乐于接受的价位也不要马上接受，以便为自己争取利润的最大化，同时让客户感到放心。

下面这个销售员就是一个很好的案例：

有一天，一位手机销售员要向一位客户推销产品，因为客户对手机品牌很认同，所以很愿意购买。客户提出了一个合理的价格 800 元，推销员感到很吃惊，因为这远远高于他心中的估计，但是他没有立即接受这个价格，他考虑了一下，对客户说：“这样吧，我回去跟经理商量一下，大家研究研究，看看经理怎么说，您这样的价格实在是太低了！”

第二天，客户接到了推销员的电话：“不好意思，我以为经理会同意 800 元，但是他觉得太低了，您可以打听一下，真的不行！”

客户沉默了很长时间，然后说：“那你的经理同意出多少？”

“1200 元，再不能少了！”报完价后，销售员等待客户还价，可没有想到客户说：“好吧，就这样吧。”

在这个案例中，销售员不急于成交，从而争取了更大的收益。所以，在日常的销售中，不管我们多么迫切地想和对方合作，不管对方的条件多么地让我们心动，我们都要先静下心来，耐心与对方讨价还价，绝对不能轻易接受对方的第一次报价。

顾问式销售——让客户感到你是专家

在销售中,我们会发现,那些定期登门拜访客户的推销员一旦被认为是该领域的专家,那么他们的销售额就会大幅度增加。这是因为,在当今的市场上,每一位客户都愿意和专业人士打交道,他们只有对专业人士才感到放心。不管你推销什么,人们都尊重专家型的推销员。如果你能够做到成为客户的顾问、心中的权威,而不仅仅是推销员,那么客户会很愿意耐心地坐下来听你说话的。

比如有时,我们能看到一位推销员跟上司一起去拜访客户。“这位是我们的地区副总裁托马斯先生,他想和你交换一些你可能感兴趣的意见。”这是一种“请来专家”的策略,客户也往往愿意听听专家的看法。再比如,医生依赖于经验丰富的医疗设备推销代表,而这些能够赢得他们信任的代表恰恰不仅是销售员,而且是能够为客户提供中肯建议的顾问。

所以,我们在销售时不应该仅仅扮演销售员的角色,还应该担当起客户的顾问,学会顾问式销售。那么什么是顾问式销售呢?顾名思义,顾问式销售就是指站在专业角度和客户利益角度提供专业意见和解决方案以及增值服务,使客户能作出对产品或服务的正确选择并发挥其价值,并且在顾问式营销过程中,同时建立起客户对产品或服务的品牌提供者的感情及忠诚度。

传统销售理论认为,顾客是上帝,好商品就是性能好、价格低,服务是为了更好地卖出产品;而顾问式销售认为,顾客是朋友、是与销售者存在共同利益的群体,好商品是顾客真正需要的产品,服务本身就是商品,服务是为了与顾客达成沟通。可以看出,顾问式销售将销售员定位在客户的朋友、销售者和顾问三个角度上。因此,如何扮演好这三种角色,是实现顾问式销售的关键所在。

一般说来,顾问式销售给顾客带来的最大的好处就是使顾客在收集信息、评估选择和购买决定这三个过程中得到一个顾问,从而减少购买支出;同时,通过面对面的感情的直接交流,给顾客带来情感收入。当一位销售员成功地运用了顾问式销售后,那么他就为客户提供了优质服务。不仅如此,还能让客户欣赏、信赖销售员。

拿推销保险为例，当推销员像一个真正的顾问那样说："在过去几年中，保险业发生了很多变化。如果你不介意的话，我想花几分钟时间简单回顾一下有关的情况……"以此作为开篇，吸引客户的注意力，让客户感受到我们专业的水平，那么他就可以接着解释客户能从人寿保险中得到什么样的好处，客户为什么应该购买分期保险等等。

在随后的交谈中，我们逐渐赢得了客户的信任后，就可以以建议的形式逐步导入销售。我们可以这样对客户说："我想问你几个问题，以使我能更多地了解你，并且提出我的合理建议。"问题可以是这样的："你的工作性质是什么？""你的年收入大致多少？""你对孩子的教育有什么计划？"或者"在过去的5年里，你看医生一般是出于什么原因？"如果客户能够回答我们这些问题，就代表他们已经在心里接纳我们了，获得了客户基本的信任，那么我们接下来的销售就容易得多了。

作为现代营销的最先进理念，开展顾问式销售对销售人员也提出了一定的要求。我们必须做好以下几点，才能算是合格地运用了顾问式销售。

1. 善于揣摩客户心理

做销售其实最终是一场"心理之战"。销售成功的前提是能够满足客户的心理需求。所以从这个层面上说，销售员必须抓住客户的心理。比如说，如果客户对我们的产品是非常了解的，不只是来看看，这就说明我们成交的机会很高。那么，对这类客户，价格只是一个参考因素，只要在合理的心理预期之内是可以成交的。这时，最好的方式，不是列出所有的优惠条件，而是什么优惠也不说，让顾客自己来决断或砍价。优惠都是慢慢给出的，要显示出是销售员为顾客争取到的，而不是随便可以给出的。这样，顾客砍价的心理预期就会降低，而且顾客购买的满意度还会提高。

2. 掌握产品的专业知识

作为顾问型销售员，我们必须事先充分了解自己的产品，要不然，客户就会明显地感到我们简直毫无准备。胸有成竹不仅可以使你赢得客户的尊敬，而且有助于更好地掌握销售控制权。记住，人们只会更尊敬那些深谙本职工作的销售员。

比如，房地产经纪人不必去炫耀自己比别的任何经纪人都更熟悉市区地形。事实上，当他带着客户从一个地段到另一个地段到处看房的时候，他的行动已经表明了他对地形的熟悉。当他对一处住宅作详细介绍时，客户就能认识到他绝不是第一次光临那处房屋。同时，当讨论到抵押问题时，推销员所具备的财会专业知识也会使客户相信自己能够获得优质的服务。当我们通过丰富的知识使自己表现出自身的权威性，就能得到客户的信赖和回报。

3. 在客户面前要表现出专家的自信

在从事顾问式销售过程中，自信是最大的本钱。我们除了必须具有相应的专业知识和行业知识以外，在销售过程中，还要表现出充分的自信，不要被客户牵着鼻子走，而是要善于引导客户，把客户的思维引导到你所要表达的内容上来。对于比较敏感的价格问题，在开始的时候，要尽量避开。当客户对产品产生足够的兴趣后，我们再从客户需求的角度出发，到最后才谈到价格话题。例如，你在销售惠普的短版印刷解决方案时，惠普的彩色激光打印机相对而言是不算便宜的。但你要向客户大谈其为客户带来的好处及利益。这样客户在有心购买时，你再说出价格，并且向客户说明，价格是可以谈判的。

4. 对客户给予尊重

在整个洽谈和服务的过程中，销售员要注意自己作为顾问的身份，一定要站在顾客的立场上考虑问题，特别是细节的把握上，尤其要注意。要让客户感到你是真诚地为他提出合理化建议及解决方案，而不是像别的销售员一样，只是来强迫推销产品。

谈判地点的选择藏玄机——谁的地盘谁做主

在销售谈判中，地点的选择可以影响到客户与推销员双方的心理状态。

人们都有这样一种心理，即在自己所属的领地里交谈，无须分心于熟悉环境或适应环境，可以做到从容自如，面对突发问题时也能够保持镇定，快速想出应对的办法。而在自己不熟悉的环境中交谈，则往往容易变得无所适从，无法稳定住情绪，导致正常情况下不该发生的错误。可见，谈判地点的选择也是藏有玄机的。所以，销售员要选择有利于自己的谈判地点，掌握主动权。

如果客户对洽谈地点比较熟悉，他就有一种依赖感，态度就会变得理直气壮，也就抓住了主动权，这对于推销员来说可就大事不妙了，失去主动权，也就意味着把成交权交给了客户。因此，对于一些关系重大的销售谈判工作，如果能够进行主场谈判是最为理想的。因为这种环境下会有利于销售人员发挥出较好的谈判水平。如果不能争取到主场谈判，至少也应选择一个双方都不十分熟悉的中性场所，这样也可避免由于客场谈判给我们带来的不便。

推销员选择自己熟悉而顾客陌生的地方，要注意环境要安静，窗帘、门等的颜色的选择要适合顾客的喜好。这样既不会让顾客烦躁，把洽谈气氛弄僵，同时又使顾客产生一种陌生感、恐惧感，这样他就要寻找依靠，而推销员是他在新环境下唯一比较熟悉的，所以他就会与推销员更为亲近，这样主动权就抓在推销员手里，交易就容易成功。

美国有一位人寿保险推销巨星，名叫约翰·沙惟祺。他从来不做不管三七二十一就敲陌生人的门的事，而是全力开发转介绍的客户，并极力主张邀请客户到自己办公室来谈推销事宜。

原一平也说："他们不可能要客户到自己的办公室去，可是牙医就可以。那些经纪人就是喜欢跑出去受点伤害，才觉得自己是在做行销的那种人。我们找客户来办公室，并不是要伤害他们，所以拜托大家，做事要专业一点，想想你的客户，希望从你身上得到的是什么？他们要的，只是你的'服务'和'诚实'。"

许多销售员认为不能叫客户上门，这是因为销售员对自己的专业能力、形象、身份的信心不足，尤其是低估了自己对客户的影响力。其实，如果销售员不开口说话，怎么知道客户愿不愿意？所以，作为销售员，我们要大胆发出邀请："星期二下午两点半，请到我的办公室来！"别瞻前顾后，先大胆地说出这样的话。毕竟，即使客户拒绝，自己也不会有什么大的损失，相反会让客户感到你的自信与从容。

《哈佛学不到的管理策略》的作者、国际管理集团的创始人麦考梅克说得好：在你的地盘上谈判，会给对方一种"入侵"的感觉，对方的潜意识中极有可能存在或多或少的紧张情绪。如果你彬彬有礼，让对方舒服放松的话，那他的紧张情绪就会大大减缓，而你也就赢得了他的信任——即使真正的谈判还未开始！

此外，在自己的地盘上推销还有很多好处。如，可以充分利用各种有利条件，尽情地布置自己的办公室，使环境有利于推销；如果对方未接受我们提议就想离开时，可以很方便地予以阻止；以逸待劳，心理上占有优势；节省时间和路费；如发生意外事件，可以直接找上司解决；可以充分准备各种资料和展示工具，迅速回答对方提出的问题，并充分展示己方的优点等等。

所以，销售员一定要把握客户的心理，尽量争取由自己定谈判地点，并利用好谈判地点为自己创造优势，取得销售主动权。

该说“不”时就说“不”

在商务谈判中，销售员不肯轻易对客户说“不”，怕伤了双方的感情，从而影响交易。但是这样小心谨慎的结果，往往导致推销失败或使卖方吃亏。因为客户一旦发觉你不敢说“不”，马上就会信心十足，得寸进尺。

作为一个销售人员，与客户打交道是每天必须要做的事情。在与客户打交道的过程中，由于买卖双方立场难以完全相同，难免发生矛盾和冲突。记住，要想在谈判桌上赢得利益的筹码，就不要给客户可趁之机，坚决避免客户得寸进尺心理的出现，对于对方提出的不合理条件，就要拒绝它，巧妙地维护公司的利益，稳定客户的情绪。

那么，该如何做到既不损害与客户的关系又维护了自己的利益呢？这需要丰富的经验和高度的智慧。具体销售员可以从以下几方面入手：

1. 笑着对客户说不

拒绝客户一定要与“笑”密切配合，当对方越冷淡时，你就越以明朗、动人的笑声对待他，这样一来，你在气势上就会居于优势，容易击倒对方。此外，“笑”是具有传染性的，你的笑声往往会感染到客户，这样隔阂自然会消除了，那么，什么事情都好谈了。

2. 对客户晓以利害

销售人员遇到客户提出的一些不合理要求，可以从客户的角度出发，说明如果顺从客户会引发的利害关系，使客户了解由此对他产生的损害，从而取得客户的谅解。

客户：“请问我买的房子，大概什么时候可以收楼呀？”

销售员："一般情况下，是签完合同，收到首期房款三个月之后。"

客户："要这么长时间呀，一个月时间行不行呢？"

销售员："如果要求一个月时间收楼的话，装修人员就要赶工。您知道慢工出细活，赶工的时候，容易忙中出错，最后影响您房子的装修质量，那就划不来了。"

客户："噢，是这样呀。那就按正常时间收楼吧。"

3. **稳住客户的情绪**

有时候，客户由于心情不好，或者客户本身比较挑剔，他们都会提出一些过分甚至无理的要求。这时候，如果销售员没有经验，直接拒绝很容易激化矛盾。有经验的销售员会先平息客户的情绪，消除争议，待双方气氛缓和了，再进行推销工作。

客户："小王呀，你们公司怎么搞的，签合同的时候，写明5月10日到货，可是现在都5月15日了，一件货都没到。你说这件事怎么处理吧，不行就退货！"

销售员："李总呀，对不起，由于现在火车运力吃紧，调拨给我们的车皮不够，造成部分经销商延迟到货。对这部分经销商我们额外申请了特殊促销政策，加送5%的促销礼品。不过您放心，您的货已经在路上了，预计5月20日就可以到了。对于我们工作造成的失误，再次向您道歉。说到退货多伤感情呀，咱们合作了这么久，我平时也帮过您不少忙，您不看僧面看佛面，您就给我一个机会吧。"

客户："好吧，大家都不容易，这次就算了。不过我的货你可要盯紧呀。"

4. **对客户实施苦肉计**

向客户说明，如果接受客户的要求，自己将会受到什么样的处罚，由此争取客户的同情和谅解。

客户："小王呀，本来这个月要结清欠你们公司的三十万货款，但是，由于最近是销售旺季，进货较多，挤占了一部分资金，这个月先结清十五万，剩下十五万下个月结清，行不行？"

销售员："李总呀，上次进货的时候，由于您是我们多年的老经销商，在正常进货价的基础上，我向公司申请特殊政策，额外申请了一个点的价格优惠，同时，还多申请了100件促销礼品。为这事，我没少受公司的批评，上个礼拜公司开全国销售人员会议的时候，销售总监还点名批评，要我做出检讨。李总呀，你可不能再让我难做了。”

客户：“噢，是这样的。咱们多年合作愉快，你也帮了我们经销商不少忙。好吧，资金再紧张，我也要及时和你们公司结清货款，可不能让你再难做了。”

5. 以小换大

在进行商务谈判的时候，有的客户比较难缠，奉行强硬政策，单方面要求对方让步。对于这种客户不要硬碰硬，而要巧妙周旋，不轻易让步，即使让步，也要在我们让小步的基础上，换取对方让大步或对等让步。

客户：“小王呀，我们是A地区的经销商大户，在这里，只要我们称自己是第二，没有人敢说他是第一。你们要进入A地区还要通过我们。这样吧，进货价格就再降5%吧。”

销售员：“李总呀，对于贵公司的实力，我们当然是知道的。要不然也不会跟您谈判这么久。这次给您的价格已经是最低价了。要不然，你再多进30%的货，我向总部打个申请，申请进货价再降低2%，但是不知道能不能批下来。”

6. 声东击西

有的客户对我们产品的某些方面不满意，比如：价格、款式、颜色等。这时候，有经验的销售人员会引导客户的需求，向客户宣传己方的优点。这样，在无形之中就转移了客户的话题，将主导权掌握在自己手中。

客户：“小王呀，你们的货总体还可以，但有一点我不满意，就是价格比A公司要高10%。”

销售员：“李总呀，我们公司的产品价格确实要比其他公司高一点，但是一分钱一分货，贵有贵的道理，我们的质量过硬，产品寿命长，消费者用起来省心，您也少操心。您看这是B市场研究公司提供的研究报告，我们的产品比A公司产品的用户投诉数量少33.3%，使用寿命长42%，用户满意度高28%。卖我们的产品您会少操不少心，腾出时间赚更多的钱。”

总之，经验丰富的销售人员能够充分运用各种因素，协调公司、客户之间的利益关系，不但能够为客户着想，也能够为公司谋利。他们不但掌握基本的销售技巧，在与客户产生矛盾时，还能够化险为夷，变不利为有利。所以，销售员要掌握客户的心理，学会说“不”的艺术。只要“不”说得恰当，客户常常会宽容地说：“没关系。”

从肢体语言中洞察客户心理

人的心理情绪通常会通过肢体语言表现出来，所以，在销售中，推销员要想了解客户的心理动态，掌握销售的主动，可以观察他的姿势、肢体动作及表情的变化。

首先，我们来看客户的各种姿势代表着什么。

1. 如果客户紧紧交叉着双臂或双腿，像要将自己安全包裹起来，这种姿势多带有自我防卫、拒绝对方的意味。如果客户手脚微开，全身松弛的宽松姿态，一般有接纳对方的用意。

2. 全身僵直站立不动的客户，多是源于内心强烈不安。

3. 垂头丧气，郁郁寡欢，肢体动作少，通常是有求于人的无助表现。

4. 身体越是直接正对着对方（面对面），越显示善意的感情。

5. 动物学者戴兹蒙德·摩利斯曾利用摄影机拍下亲密友伴间的谈话场面，在慢动作重播镜头当中，发现两人的肢体呈现协调互动的和谐画面，他将这一现象称为姿势反响。人们只有在谈话十分投机的情况下，才会在姿势上产生协调。而如果双方都觉得场面十分扫兴无趣，彼此的动作也就呈现互不协调的画面。

所以，在与客户谈判时，通过对他们姿势的观察，就可以明显分别出客户中的赞成者与反对者。再者，如果想在谈话中表现自己的兴趣与参与意愿，可以尽量与对方的姿势保持一致，赢得客户的共鸣。

其次，通过观察客户的表情，销售员也可以洞悉对方的心情。

第一种，僵硬型表情。

脸上肌肉麻木，面无表情，这往往是充满憎恶与敌意的表现。一般这样的客户对销售员充满了成见，如果你见到的客户是这样的表情，那么你就要加油来化解他们的敌意了。

第二种，厌烦型表情。

主要包括叹气、伸懒腰、打呵欠，东张西望、看时间、表情无奈等。如果客户流露出这样的表情就代表他对与你所进行的交谈已经厌倦了。这时，你就应该换一种交谈方式来吸引客户的注意力或及时撤退了。

第三种，焦虑型表情。

脸上有明显的焦虑表现，并伴随着手指不断敲打桌面，双手互捏，小腿抖动，坐立难安等动作。若厌烦型表情没有得到理解，烦躁的情绪积累下去，很可能发展为焦虑。面对客户这样的情绪，你就要停止滔滔不绝的讲述，要努力与客户进行沟通，找出他焦虑的原因，并为他及时解决问题，消除这种焦虑情绪。

第四种，兴奋型表情。

表现为瞳孔放大，面颊泛红，搓手，轻松地跳跃等等。一般在这时，你的好运就要来了。把握好机会，进一步深入引导客户，及时促成。

第五种，欺骗型表情。

如果客户平时是一个沉默少语的人，而现在却对你喋喋不休地诉说，语义却不连贯，那么，他多半想隐瞒什么。另外，下意识地摸下巴、摆弄衣角，或将手藏在背后，都是说谎的征兆。这时你就要警惕了，分析他这样做的原因，避免上客户的当。

销售员在解读对方肢体语言时，我们不能凭一时观察断章取义，而应该充分考虑到各方面因素的影响来综合推断客户的心理。具体要注意以下三点：

1. 结合语言，全面了解

销售员在观察客户时，不能因为单一的信息而轻易下结论。因为人是最复杂的动物，任何人都有可能出现会错意和表错情的情况存在。所以我们应该综合各种信息，尝试总结出一套比较适合自己使用的解读肢体语言方法。由于销售员很难将一种身体语言所揭示出来的情绪，作出百分之百的肯定，而语言沟通不可能跟一个人的动作完全分开，所以如果能将身体语言表达出来的意思与语言因素相结合，就可以取得不错的效果。

2. 善于识破客户肢体语言的伪装

有许多经验丰富、老奸巨猾的客户，特别会隐藏自己的情感，如果你仍按正常的思维去解读对方的肢体语言，便可能得出截然相反的结论。此时，销售员一定要注意识破对方的伪装，别被对方的假信息所骗。

3. 要注意客户的文化背景

客户的动作、语气、表情等都跟他所处的地域风俗、文化背景和个人受教育程度有着不可分割的关系，所以销售员绝不能忽略这一点，要了解客户所具有的习俗，并在行为举止上与客户保持同一文化层次，当雅则雅，宜俗则俗。

掌握这“七招”，你也能成为催款专家

谈起销售，就不可避免地要谈到货款的催收。因为回笼的货款，是销售人员业绩的体现。然而，客户在付款时，常有拖、赖、推、躲的心理。这就给销售员带来很大的麻烦。特别是很多营销人员认为对货款催收得太紧会使客户不愉快，影响以后的关系。如果这样认为，我们不仅永远收不到欠款，导致公司应收账款增多、回款率下降、资金周转困难，甚至产生巨额呆账、死账；而且也保不住以后的合作。这是因为客户所欠货款越多，支付越困难，就越容易转向别的公司进货，你就越不能稳住这一客户。

在下面这个案例中，不擅长催款的销售员小李就遇到了一位喜欢拖延货款的客户。

（催款电话接通了）

“小王，你好。我是×××公司的小李啊，贵公司欠我们的货款什么时候给我汇过来啊？我们经理问过好多次了，你看钱也不多，就几千块，跟你们财务说说早点给办了吧。”

“好的，我已经跟财务说了，他说下周给办。”

“那你就多费心，下周一定汇过来哦！”

“好的，没问题！”

“好，那就这样，以后常联系，再见！”

（下周四）

“小王，我是小李啊，货款的事怎么样了？”

“我们月底结账，下个月一号一定给你办！”

（下个月8号）

“小王，货款的事怎么样了？”

“我已经跟财务说了，财务说快了，具体哪一天我也说不上。”

“你跟你们财务说说，看看能不能这两天，我们经理问过很多次了。”

“我给问问吧。”

“好的,那回头给我打个电话。”

(又过了一周)

“小王货款什么时候给我汇啊?”

“这个月不好办啊,‘十一’事比较多,恐怕不行了,这样吧,过了10月1日就给你汇。”

(‘十一’以后)

“小王,货款你们有没有给我们汇啊?我们财务查账说没有啊。”

“我下周给你办。”

“你不是说‘十一’后就办吗?怎么又下周,就这么几千块钱拖这么长时间了……”

这回倒好,没等小李把话说完对方直接把电话挂了,再打就没人接了。

在这个案例中,客户一方总是找各种理由百般拖延,这是在催款中常见的问题。销售员小李虽然催过好几次都不见效,最后对方甚至拒绝接听电话,这让催款陷入更加困难的境地。其实,如果小李能够了解客户的心理,掌握一些催款的技巧,而不只是一步步退让的话,或许他能够缩短催款的时间,避免许多麻烦。

催款谈判是一场心理博弈,销售员要想在这场心理较量中取胜,维护好自己的利益,就应该掌握一些催款的绝招。下面为大家传授七招催款“撒手锏”。

1. 在合作之初,就应对付款的相关事宜作出有效的详细说明

销售员在与客户合作之初,就应以《购销协议》、《买卖合同》等具有法律效力的文书,详细地对货款结算作出规定和说明。比如,结算价格是多少,结款方式或具体的结款时间等。如果业务往来较频繁,结款方式要注明是现款现货、送二结一,还是固定的周期性结款。如果是“一锤子买卖”,则必须对结款日期作出具体到几月几日的规定。这样,会让货款催收工作的开展变得有据可依。

销售员往往有这样的一种心理:如果在销售时事先把合作条件,特别是付款方式,开门见山地提出来,客户很可能认为条件太“苛刻”而不予合作,从而影响到以后的业务往来。其实,这种担心大可不必。事先说明,一方面可以让客户感到自己合作的诚意,从而赢得客户的信赖;另一方面,也避免了后期业务过程中可能出现的不必要的麻烦。

2. 在催款中要不卑不亢，摆正自己的姿态

有些销售员认为，向客户追讨货款，是求别人办事，因而在与对方的交涉过程中，没有丝毫的底气，让客户产生你特别“好欺负”的心理，从而故意刁难或拒绝付款。所以，在收款过程中，摆正“姿态”是非常重要的。

我们要理直气壮义正词严地向客户说明来意，让客户知道，你是按合同规定特地登门收款的，而且今天非结不可。如果客户以有难处为借口，那么我们要让客户也理解自己的难处。你可以这样对客户说：“约定结款时间是今天，如果今天不回款，领导会说自己办事不力，我就要被炒鱿鱼了。”“公司已经几个月没给我发工资了，自己能否拿到工资、奖金全靠这次能否回款了。”在诉说时，要做到神情严肃，力争动之以情。

3. 了解客户的经营状况，辨别客户的借口

有时，客户会找各种借口拖延货款。如：负责人不在、账上无钱、未到公司付款时间、产品没有销完或销路不好等等。这就要求营销人员平时要做有心人多观察，及时地掌握与结款相关的一切信息动态。只有这样，才能辨明客户各种“借口”的真相，并采取有效的针对措施。

所以，在平常的业务交往中，要摸清客户的一些基本情况，如：(1)结款时间，是随便哪一天都可以结，还是每月只有固定的几天才办理结款手续；(2)结款方式，是现金付款，还是转账支付，如果是转账应注意其填写的货款到账日期；(3)结款签字负责人坐班时间；(4)有无对账程序等等。

4. 对该催收账款的明细做到心中有数

如果销售员自己心目中对应收账款的明细没有数的话，收款效果肯定不佳。所以，销售员应定期对货款进行盘算清点。比如，做好送货记录，明确在哪一天给哪些客户分别送了哪些货物，总计多少钱及回笼时间。做好货款分类，按照货款预定的回收时间及回收的可能性，将货款分为未收款、催收款、准呆账、呆账、死账几类，对不同类型的货款，加以不同的催收力度。另外还要做好催收计划，依据货款期限的长短、货款金额大小及类型、客户付款程序的繁简等因素，做出一个轻重缓急的货款回收计划，有步骤地开展货款催收工作。

5. 根据拖延借口及不同客户类型，有针对性地催款

销售员要针对不同的借口采取不同的行动。当客户以某某人不在为借口不付款时，可以联合其他厂家的业务人员一起对其施加压力；如果客户资

金确实紧张时，则应避开其他厂家的业务人员，单独行动；如果拒付原因涉及自己的产品或公司时，销售员则应反省到底是促销不力导致产品滞销、奖金返利未曾兑现，还是其他政策没有落实到位影响了客户的积极性，并及时整改。

另外对于不同的客户我们也要区别对待。对付款不爽快却十分爱面子者，可以在办公场所当着其员工和顾客的面，要求他付款，此时他会顾及公司的信誉形象而结清货款；甚至可以在下班时间到他家里去，他不愿家庭生活受到干扰也必立即结款。对付款爽快的，则应明确向其告知结款的原因及依据；并可经常地鼓励他，将其纳入信誉好的代理商之列，使客户保持付款积极性。

6. 要时刻关注客户，避免呆账死账的出现

销售员在把客户当上帝一样尊敬的同时，也要把他当“贼”一样地防，时刻关注一切异常情况，如人事调整、机构变革、经营转向、场地迁拆，甚至关闭、倒闭、破产的先兆等，一有风吹草动，立马开展跟进工作，防患于未然，杜绝呆账、死账，以减少不必要的货款流失。

7. 可以通过巧妙施加压力的方法促使客户还款

在遇到顽固的拖款客户时，销售员除了按程序办事外，还可以巧妙地给客户施加压力，阻止客户拖延支付期限或减少支付金额，从而达到按时足额结款的目的。

比如，对付款不及时的客户，除了依照账期长短不同而制定相对应的供货价格外，还可以终止促销礼品、样品的配送和取消年终返利和奖金等。实在不行，我们还可以将优势品种断货，每个厂家都有一两种畅销的产品，如果将这样的优势产品停止向客户供货，那么对方必定会受损失。另外我们还可以采取前款不结，后货不送的策略。停止向客户供给一切货物，直至他付清前期货款。相信迫于以上种种压力，客户为了使自己的长远利益不受损害，都会及时归还货款的。

不做“囚徒”，追求双赢

销售常常是一种微妙的心理博弈，在西方经济学中，关于博弈，有一个著名的“囚徒理论”。

假设有两个罪犯同时被抓，但证据不够充分，需要分开审问。如果两个人都招了，证据也就充分了，应该判8年。但是，一个人招供而另一个人不招供，那招供的人很可能会从轻处理，判3年；不招供的抗拒从严，可能要判10年。如果两个人都不招供，证据就不充分，也许只能各判5年。

显然，从囚犯自身考虑，最好的结果是都不招供。实际上呢，很可能两个人都怕对方先招了，自己要被判10年，所以，每个人都想通过最小的代价获取最大收益，于是，这两个囚犯都招供了，最后博弈的结果是各判8年。

反观销售行业，在商务谈判中，为什么会经常出现“双输”的结果呢？结论自然是不言而喻的，双方都像“囚徒”一样想赢，都想少付出多受益。

事实上，在许多情况下，斗争双方的利益不一定都是对立的。有这样一个例子，兄妹俩为分一个蛋糕发生了争吵，两人都坚持要一块大的，两人都害怕被对方占了便宜。于是孩子的父亲向他们建议，由一个孩子先来切蛋糕，他愿意怎么切就怎么切；另一个孩子则可以先挑自己想要的那一块，这个建议大家听了都觉得很公正，于是接受了。两个人都觉得得到了公平的待遇。销售员与客户的关系就像是这对分吃蛋糕的兄妹，他们的利益是一体的，一损俱损，只要处理得好，双方都会成为公平的获益者。

另外，在心理学上还存在一个互惠关系定律，即“给予就会被给予，剥夺就会被剥夺；信任就会被信任，怀疑就会被怀疑；爱就会被爱，恨就会被恨。”也就是说，作为销售员，你怎样对待客户，客户就会怎样对待你。

销售员做销售的最终目的是要达到双赢的结局，追求单赢往往只能赢得眼前的小利，却损失了将来更大的利益；只有做到投桃报李、利益均沾，才能保证双方永久地合作下去，既赢得现在，又赢得将来。

有一些销售员站在自我的立场上，考虑的是自己的私利。为了这些小小的私利，推销员不惜欺骗客户，给客户造成损失，结果得罪了客户，自己最后也没能够赢，反而损失得更大。

在美国，一位顾客通过阅读一本全国性杂志上的文章发现他的一位供应商向他收取比同行价格高15%的费用，并且向他保证这是最低价。可以想象出，顾客发现几年来一直被销售员欺骗时的愤怒。于是，顾客从那个推销员的公司撤走几百万美元的账户，并起诉这个公司，要求归还多收的费用和赔偿损失，并采取措施使整个行业对那个推销员产生不信任感。那位推销员曾以顾客的损失为代价“获胜”，但最后却造成两败俱伤的结果。

所以，销售员一定要懂得客户的心理，努力达到博弈的最高境界——双赢，而非零和。既然销售员与客户是休戚与共的，那么销售员就不应该只是考虑如何使自己获胜——卖出更多的产品、赚到更多的钱，而应多考虑如何协助、支持顾客获胜，从而使自己也获得最大的利润。

支持顾客赢，不是隔靴搔痒，而是针对顾客的需要，提供完美的解决方案。像顾客一样看待事物远远不够，你必须比顾客看得更清晰。日本推销员滨须就是做到全心全意为客户着想，才使自己和客户获得双赢的。

20世纪60年代，日本某公司开发出一种新产品，即投币式自动电唱机，取名为“立体声友伴”，该产品造型美观，性能良好。当公司的推销员滨须前去拜访客户，向他们介绍、推荐这种商品时，经销商始终无动于衷，因为他们不知道这种新商品的客户群在哪里，也无法判断这种新产品的销售前景，他们对经销这种商品能否赚钱没有一点信心。

滨须意识到要说服经销商，就必须消除他们的疑虑才行。他彻夜不眠，想了几天几夜终于想出了一个说服经销商的推销计划，当他再次拜访经销商时，他说：“如果你购买我们的产品，我替你找到安放它的店铺，而且确保你每个月可赚4万日元。”

滨须的计划对经销商来说具有极大的吸引力：第一，经销“立体声友伴”之后，不必担心卖不出去，因为滨须为这些机器寻找安置场所，这些场所包括小吃店、酒吧、餐馆、旅店等，也就是说，滨须帮经销商把产品卖出去；第二，经销商坐收利润。设置“立体声友伴”后，一天的利润虽然视地点不同而有少许差别，但平均大致有3000日元。利润跟提供场所的店主折半，也有1500日元可得，一个月就有4.5万日元利润。机器的售价是15万日元，经销商4个月就可以收回本钱，以后每个月就是净收入4.5万日元。经销商经销“立体声友伴”既不需要推销，又可每月赢利4.5万日元，何乐而不为呢？于是他们同意了滨须的意见。

然后，滨须再去拜访为“立体声友伴”提供设置场所的业主，对他们说：“我们公司的产品造型美观，性能佳，可烘托店里优雅的气氛。只需把它放在你店里的一个角落，你每个月就可坐收4.5万日元。你不用投资1分钱，我们也不收取任何费用。”

这是一次前所未有的实验，酒吧、小吃店并不需投资买机器，只需提供店铺的一个小角落，就可以每月获利4.5万日元。这样的条件，谁会拒绝呢？

就这样，滨须的推销取得了极大的成功。那些知道别人买“立体声友伴”赚了大钱的人，争先恐后地拿出15万日元买“立体声友伴”，把它设置于酒吧等场所。

各家酒吧、小吃店等店铺，看到生意不错，利润滚滚而来，他们就觉得给人家一半利润，让人坐收渔利真可惜，他们就不再拱手让利于他人了，自己掏钱买机器。

店铺买进机器后，原来租给他们机器的人就会再把机器租给别的商店营业。这种崭新的销售方法，使得“立体声伴友”在市场上声名鹊起，很快每个月的销售量就突破1万台。

遵守双赢的原则，是推销成功的前提。正是这一点成就了“世界上最伟大的推销员”乔·吉拉德。吉拉德在他的推销生涯中，一直都坚守这条原则。他认为，顾客买到了想要的产品，得到了高于预期的服务体验，对销售员感到满意，会带来顾客的重复购买和好的口碑，以及转介绍的客户。双赢意味着销售不是一次性的，而是持续性的，它应该立足于客户的长期价值。

乔·吉拉德刚开始做汽车销售时，老板给了他一个月的试用期。可29天过去了，他一部车也没有卖出去。最后一天，老板准备收回他的车钥匙，请他明天不要再来公司了。他坚持说：“还没有到晚上12时，我还有机会。”

于是，他坐在车里继续等。午夜时分，传来了敲门声。是一位卖锅者，身上挂满了锅，冻得浑身发抖。卖锅者是看见车里有灯，想问问车主要不要买一口锅。吉拉德看到这个家伙比自己还落魄，就忘掉了烦恼，请他坐到自己的车里来取暖，并递上热咖啡。两人开始聊起天来。

吉拉德就问他：“如果我买了你的锅，接下来你会怎么做。”

卖锅者说：“继续赶路，卖掉下一个。”

吉拉德又问：“全部卖完以后呢？”

卖锅者说：“回家再背几十口锅出来卖。”

吉拉德继续问：“如果你想使自己的锅越卖越多，越卖越远，你该怎么办？”

卖锅者说：“那就得考虑买部车，不过现在买不起……”两人越聊越起劲，天亮时，这位卖锅者向吉拉德订了一部车，提货时间是5个月以后，定金是一口锅的钱。

因为有了这张订单，吉拉德被老板留下来了。他一边卖车，一边帮助卖锅者寻找市场，卖锅者生意越做越大，3 个月以后，提前提走了一部送货用的车。吉拉德从说服卖锅者签下订单起，就坚定了信心，相信自己一定能找到更多的客户。

同时，从第一份订单中，他也悟到了一个道理：推销是一门双赢的艺术，如果只想到为自己赚钱，是很难打动客户的心的。只有设身处地地为客户着想，帮助客户成长或解决客户的烦恼，才能赢得订单。秉持这种推销理念，15 年间，他卖了一万多部汽车，成为家喻户晓的最伟大的推销员。

在销售中，要实现自己与客户之间的双赢有很多途径，以下两点是销售员应该坚持的最基本的原则。

1. 适当退让

所谓适当退让，就是说销售员在和客户谈判的过程中为了达成交易，可以适度退让。所谓生意，都是以营利为目的的，推销员是把自己的产品卖出去，而顾客是想花钱买最有价值的商品，只有达成交易才能实现双方的利益。所以为了能够成交可以适当做出一些让步，但让步要做得巧妙，要让客户在心中体会到你的良苦用心，对你产生谢意，并和你建立起长久的合作关系。

2. 不要欺骗客户

客户想购买的商品是一些实实在在的用得着的商品，他们也希望能够与自己的合作者坦诚地合作，不想受到欺骗。推销员在推销的过程中，要时时站在客户的立场上，设身处地地为客户着想，保证产品的品质及自己的诚信。如果只一味地追求利益而采取欺骗的手段，那么一旦造成严重的后果就得不偿失了。

迂回前进：巧用“低飞球技巧”

“低飞球技巧”来自于棒球比赛，说的是，假如一个球员最开始投出一个极为难打的低飞好球，那么，在整个比赛中，他的头脑中都会一直保持着这个低飞球的印象，以至于每一次出手都想打出低飞球。也就是说，在比赛中，球员打出的第一个球决定着他在整个比赛中的表现。

“低飞球技巧”也常作为一种销售技巧用于销售中，大体的步骤是这样的：

1. 顾客对销售员所提的价钱不满意，经过一番讨价还价，销售员认输，接受了顾客所提的价格。

2. 顾客非常高兴，决定购买。

3. 销售员当着客户的面向公司报告客户开出的价格。

4. 销售员打完电话后向顾客道歉：“真是非常抱歉，我们经理说，这个价格太低了，我们真的不能接受……”

5. 由于顾客心理上已经决定购买，他不想改变决定，所以顾客最后还是会以销售员提出的价格购买产品。

销售中的“低飞球技巧”就是这样通过利用客户心理，在谈判刚开始的时候就给顾客一个始料未及的好条件，或是向客户提出的要求妥协，目的就是为了让顾客产生购买意愿，即使你以后变价，顾客虽然会感到不愉快，但由于心理上的惯性，他也会做出让步，购买你的东西。

简单来说，它是销售人员使消费者上钩的“小伎俩”，在生活中随处可见这种先给客户好处来吸引客户，从而获得更丰厚的利润的销售行为。

比如，商场的换季打折，就是以低廉的价格吸引顾客，让顾客冲动购物。我们经常能听到顾客这样说：“哎呀，我又因为一时冲动血拼了一堆东西，下个月的日子可怎么过啊！”可见，商场深谙客户的心理，成功地运用了这个技巧赚走了客户的钱。

所以，销售员在销售中可以利用客户的这种心理，适当运用“低飞球技巧”，以种种好处勾起顾客的购买欲，薄利多销，获得更多的利润。或者等客户同意购买后，再找合适的机会巧妙地提出涨价的打算，迂回作战同样能够取得胜利。

第十章

达不成交易，一切都是空谈——『踢好』决定成交前的临门一脚

在足球比赛中，是以足球进门为胜利的标准；在销售中，是以客户买单为交易成功的标准。同运动员传球、带球都只是为了射球入门一样，销售人员所有的努力也都只是为签单这一刻所做的铺垫。所以，销售人员以业绩论英雄、定成败，达不成交易，一切都是空谈。销售员一定要踢好决定成交前的临门一脚，不要在最关键的时刻功亏一篑。

掌握客户在成交前的心理状况

成交阶段是整个销售过程中最为关键的时刻，即将下决心作出购买决定的顾客，这时的心理状况也是非常复杂的，可以说是处在两种矛盾激烈斗争的焦点上。

一方面，他们被销售员所介绍的购买产品以后的好处所吸引；另一方面，他们又担心产品是否物有所值，以及是否还有更好的购买机会。此时顾客心中的天平不断地权衡着得失，理智与情感互相交错着。

任何一个顾客在下定决心之前，不仅需要自己反复周密地思考，权衡利弊，而且需要外力的推进，帮助他们克服各种困难，战胜犹豫不决。因此，在促成交易阶段，销售员应尽可能干预顾客形成决心的心理活动，尤其要强化顾客的意志，推动顾客走向成交。然而，人的意志品质有很大的个体差异性，在帮助客户形成决心之前，我们需要了解他们不同的心理特质。

下面我们就来看一下客户在成交前的四个主要心理特征：

1. 受示性

具有受示性心理特征的人易于盲目地接受别人的暗示或影响。

这种人缺乏个人独立见解，以别人的意见为转移，别人只要发表一些意见，进行某些劝告或施加一点影响，就会使其改变自己原有的看法，按照对方的意图行动，尽管这些行动有时甚至根本不符合自己的意愿、观点或信仰。

通常冲动型顾客、情感顾客下决心购买时，他们的心理会表现出这种特征。所以销售员可以对他们施加一些影响来促成交易。

2. 自专性

自专性则与受示性相反，这样的人具有盲目地抗拒别人的意见或劝告，独断专行，我行我素，对非己之见充耳不闻的心理特征。

固执型顾客、滞后消费型顾客的这种意志品质特征明显。在帮助具有这一类心理特征的顾客下决心时会有一定的难度。但客户的这种自专性倾向不代表他们一定拒绝购买我们的产品，对具有自专性心理特征的顾客推销时，关键是要找到通权达变的窍门，把握其自专性倾向，努力让他们认可我们的产品和服务，使他们非买不可，这样我们就把他们的固执倾向朝着有利于成交的方向发展和转化了。

3. **果断性**

具有果断性心理特征的客户善于适时地、坚决地下定决心。

一个人的果断是建立在对问题充分认识和周密思考的基础之上的，只有深思熟虑，决心才能大，决策才能时效性强。具有果断性心理特征的人突出表现在处于紧急关头能够当机立断，但并非武断。

通常理智型顾客的这种心理特征较明显。顾客在下决心购买时的果断意志努力，会给销售带来莫大的好处。顾客果断地决定购买，节省时间和精力，立即成交，销售员求之不得；顾客若果断地决定不买，干脆利落，也可以使销售员赢得采取相应对策的时间。在销售过程中，销售员应尽可能为顾客创造果断决策的条件，引导顾客，尽快作出决定。

4. **徘徊性**

徘徊性，指客户具有迟疑地和反复地变换主意、动摇不定、常常下不了决心的心理特征。徘徊性与人对事物的认识和思想方法有关，情况不明，主意难拿，但徘徊性主要与人的个性有关。

通常疑虑型顾客的这种心理特征最明显。顾客在购买决心形成时的徘徊表现，对销售不利，它将耗费大量的时间和精力，产生许多无效劳动，销售员必须想方设法中止顾客的徘徊，使其萌生的初步决心尽快变为现实。

总之，顾客在即将购买时的不同心理状况和演变过程，对成交相应地产生着不同的影响，进而导致不同的结果。掌握顾客的这些心理特征，对促成交易是很有帮助的。否则，销售员若不善于区别对待不同心理状态的顾客，也就不可能采取有针对性的销售策略，在即将成功之际出现失误，错失良机，因而功亏一篑。

不要放过成交的信号

在销售活动中，客户在已决定购买但尚未采取购买行动时，或已有购买意向但不十分确定时，常常会不自觉地通过行动、言语、表情、姿势等外在特征反映出来，给销售员提供“成交的信号”。

第十章 达不成交易，一切都是空谈

——"踢好"决定成交前的临门一脚

作为一名优秀的推销员应当具备能够及时了解并捕捉客户的购买信号的能力，领会客户流露出来的各类暗示。通过察言观色，根据客户的说话方式和面部表情的变化，判断出客户真正的购买意图。

下面我们就来分析一下客户的各种外在表现，以便销售员洞察客户的心理，及时并准确地抓住成交的信号，达成交易。

1. 眼神泄露了客户心里的秘密

最能够直接透露购买讯息的就是客户的眼神，若是商品非常具有吸引力，客户的眼中就会显现出美丽而渴望的光彩。例如，当推销员说到使用这一项商品可以获得可观的利益，或是节约生产成本时，客户的眼睛如果随之一亮，就代表客户对此产生了兴趣，流露出了购买的意愿。

2. 客户动作是否积极是明显的标志

你将宣传资料交给客户观看时，若他只是随便地翻看后就把资料搁在一旁，这说明他对于你的资料缺乏认同，或是根本没有兴趣。反之，若见到客户的动作十分积极，仿佛如获至宝一般地频频发问与探询，那么你离成交就不远了。

3. 要留心观察客户的姿态

当客户坐得离你很远，或是跷个二郎腿和你说话，甚至是双手抱胸，这都是代表他的抗拒心态仍然十分强烈，要不就是斜靠在沙发上用慵懒的姿态和你谈话，或是根本不请你坐下来谈，只愿意站在门边说话，这些都是无效的推销反应。

反之，若是见到客户对你说的话频频点头应和，表情非常专注而认真，身体愈来愈向前倾，即表示客户的认同度高，两人洽谈的距离愈来愈近，客户购买的可能性就越大。

4. 客户为了细节而不断询问推销员是成交的前一步

客户为了细节而不断询问推销员时，也是一种购买讯号。如果推销员可以将客户心中的疑虑解释清楚，令其满意，那么订单就会很快到手。

例如：推销员对产品进行现场示范时，一位客户发问："这种产品的售价多少？"对于客户的这个问题，推销员可有三种不同的回答方法：

（1）直接告诉对方具体的价格。

（2）反问客户："你真的想要买吗？"

（3）不正面回答价格问题，而是向客户提出："你要多少数量？"

在所举的三种答复方式中，哪一种答法为好呢？很明显，第三种答复方法可能更好一些。客户主动询问价格高低，这是一个非常可喜的购买信号。这种举动至少表明客户已经对推销商品产生了兴趣，很可能是客户已打算购买而先权衡自己的支付能力是不是能够承受，如果对方对推销员介绍的某种商品根本不感兴趣，一般人是不会主动前来询问价格的。

这时，推销员及时把握机会，理解客户发出的购买信号，马上询问客户需要多少数量，会使“买与不买”的问题在不知不觉中被一笔带过，直接进入具体的成交磋商阶段。推销员利用这种巧妙的询问方式，使客户无论怎样回答都表明他已决定购买，接下来的事情就可以根据客户需要的数量，协商定价，达成交易。

如果推销员以第一种方式回答提问，客户的反应很可能是：“让我再考虑考虑！”如果以第二种方式回答对方问题，则表明推销员根本没有意识到购买信号的出现，客户的反应很可能是：“不！我随便问问。”由此看来，这两种答复都没有抓住时机，使一笔即将到手的好买卖失之交臂。

总之，在销售中，推销员应当具备敏锐的业务目光，时刻注意观察客户，学会捕捉客户发出的各类成交信号，只要信号一出现，就要迅速转入促成的工作。需要注意的是，上面所列举的客户的种种表现，仅仅供推销人员参考，而不能过于迷信。在推销成交阶段，应根据不同客户、不同时间、不同情况、不同环境，采取灵活的敦促方式，对不同的购买信号施以相应的引导技巧，从而保证圆满成交。

根据客户意向进行引导成交

推销员要努力使顾客觉得成交是他自己的主意，而非别人强迫。通常，人们都喜欢按照自己的意愿行事。由于自我意识的作用，对于别人的意见总会下意识地产生一种“排斥”心理，尽管别人的意见很对，也不乐意接受，即使接受了，心里也会感到不畅快。因此，推销员在说服顾客采取购买行动时，一定要让顾客觉得这个决定是他自己的主意。这样，在成交的时候，他的心情才会十分舒畅而又轻松，甚至为自己做了一笔合算的买卖而感到自豪。

"意向引导"成交法就是这样一种通过积极的心理暗示来使客户转移头脑中固有的偏见，慢慢接受销售员的意见，不由自主地跟着销售员的思路走的成交方法。运用这种方法可以使顾客在买东西的过程中，变得特别积极，促使他们主动产生一种成交的愿望。"意向引导"成交法运用的是心理暗示的"催化剂"作用，它是一种语言"催化剂"。化学当中的催化剂能使化学反应速度增快，同样，在交易中，销售员使用催化剂也能使顾客的心理受到很大影响。在进行意向引导的过程中，销售员是占支配地位的，但在顾客看来，成交决定的做出完全出于自己的意愿。

在运用"意向引导"成交法过程中，我们要充分发挥心理暗示的作用。推销员在开始进行推销时，一开始就要做好充分的准备，向顾客做有意识的肯定暗示，使他们从一开始就走进你的"圈套"。

例如，我们可以这样说："您的客厅如果使用我们公司的装饰材料，一定会成为这附近最漂亮的房子之一！"

"现在大学的学费都很贵，再过几年，更是不可想象。我们公司目前正在进行一项新的投资计划，如果您现在进行一笔小小的投资，过几年之后，您的那笔资金就足够供您的孩子上大学了。到那时，您再也不必为您孩子的学杂费发愁了。"

"现在，市场不景气，经济衰退，如果您在这时候买下我们公司的产品，保证您在经济好转之后，能赚到一大笔钱！"

当然，你对客户进行了如上的种种暗示之后，必须给他们一定的时间去考虑，不可急于求成，要让他们的潜意识接受你的暗示。

推销员要把握住进攻的时机，如果你认为已经到了向客户提出成交要求的最佳时间，你可以立刻对他们说：

"您肯定对这一带特别熟悉，难道就没有看出，您的房子是最高级的？俗话说，'名剑佩高侠，好物佩佳人'，我们公司的装饰材料肯定会为您锦上添花的。那么我们签一下订单，您看怎么样？"

"每个父母都希望自己的孩子能够接受高等教育，'望子成龙，望女成凤'，这是人之常情。我们公司为您提供的投资服务完全可以解决你们的忧虑，避免孩子教育费给您造成的沉重经济负担，您觉得呢？"

"当然，每个人都有充分的权利对自己的资金自由支配，购买最好的产品。我不是强迫您买我的产品，而是想提醒您，这是一次赚钱的机会，怎么样?”

只要推销员一开始就紧紧抓住顾客各种各样的“意向”,对他们进行积极的心理暗示与引导,就会使他们对于购买你的产品产生一种积极的态度。当销售深入到实质性阶段时,他们开始对你的暗示加以考虑,但不会十分仔细,一段时间过后,暗示深入他们的潜意识,你再对他进行购买意愿试探时,他们会再度考虑你的暗示,并以为这是自己的想法,最后坚定自己的购买决心。

客户确定购买后,进行讨价还价和填写订购单又会花一些时间,这些时间又使得销售员积极的暗示进一步深入客户的潜意识,客户会觉得成交完全是自己的想法,而没有意识到这是销售员对他们运用的推销技巧,因而客户丝毫没有被勉强的感觉,这样,成交对客户和销售员来说都变成了一件很轻松的事。

请将不如激将

在销售的最后阶段,如果在你用尽了各种办法向客户发出购买邀请,而顽固的客户却仍然无动于衷或犹豫不决时,你可以试试激将法。

激将法是利用客户的自尊自强心理来促使客户立即购买的方法,这种方法只要运用得当,它产生的效果是非常明显的。使用这一办法的心理学原理是:“迫使”客户证明自己有资格和能力成为买主,激发出客户的占有欲,从而满足他们希望被别人承认、赞赏的心理。

一位保险销售员在向一客户推销保险时,客户对保险产品的情况了解以后,却迟迟不愿意签单购买保险,于是,他对客户使用了激将法。

销售员说:“现在,很多负责任的先生都会给自己的妻子和儿女买保险。因为他们觉得关爱自己的妻子和儿女是自己最大的光荣和责任,为妻子和儿女买保险是对他们表示无限关爱的一种方式。尤其是人身安全保险,它不仅是一种投资,而且体现了一位丈夫对妻子的关爱和呵护,一位父亲对子女的无限挚爱。我遇到了很多先生为他们的妻子和儿女买保险时,都是毫不犹豫地签单。像您这样犹犹豫豫的,我见得比较少……”

客户听了以后,说:“还是等一段时间再说吧!”

销售人员接着说:"我想这不是您的真正理由!您是没有把做丈夫和做父亲的责任放到足够高的位置。您要关心他们,就要时刻期望他们平安,而为他们买保险是关心他们平安的重要体现。现在,您的妻子和儿女都没有投人身险,实在看不出您对他们的关爱……"

客户是一位优秀的丈夫、称职的爸爸,听了销售人员的话,便说:"那就买两份保险吧,反正为了他们我也不在乎两份保险的钱……"

销售人员说:"那是,那是,那么我们现在就来填一下投保书吧!"

就这样,该销售人员很快就获得了客户的签单。

在销售的过程中,客户不愿意签单时,这位保险销售员紧紧抓住客户的心理,采用激将法,把客户置于如果不签单的话就变成了不负责任的丈夫和爸爸的境地,"逼迫"客户不得不立即签单。

另外,在购买产品的过程中,客户往往容易产生较强的好胜心理。激将法还可以针对客户的这种好胜心理对症下药,促使他们快速成交。

一位先生陪自己的太太逛商场,他们来到了服装专卖的柜台。

销售员笑吟吟地前来招呼他们:"这位大姐,您要点什么?"

"随便看看。"太太一边挑选衣服,一边回答说。

"这是我们刚到的货……这一款是今年非常流行的……"销售人员在介绍产品时,发现那位太太好像没有什么兴趣,便转过来对那位先生说:"这位先生,您需要一点什么?"

先生很直接地回答:"陪老婆一起逛街的。"

"真羡慕你们。您太太长得漂亮,有气质,再加上您给他做参谋买衣服,她一定能够买到合适的衣服,穿上那套衣服一定很迷人的……"销售人员一边与先生攀谈,一边不时扫一眼挑衣服的那位太太。

突然,那位太太在一件衣服面前停顿了一会儿。销售人员马上停止了攀谈,上前取下衣服,说:"您真有眼光,这一款比较适合您这样有气质的、身材好的女士穿。这样吧,先穿着试一试。"

那位太太没有反对,销售人员便让人引导太太去试衣服去了。试穿后,那位太太发现衣服实在是太适合她了,便产生了购买的意向。

但是,那位太太询问了价格后,觉得太贵,对买还是不买犹豫不决。

此时销售人员就转过身来对先生说:"您看您太太喜欢那套衣服,但是面对自己喜欢的东西却犹豫不决,您作为丈夫应该帮她拿拿主意。"

那位先生说:“买不买还是她做决定吧!”

此时,销售人员就对那位先生说:“像您这么尊重妻子、爱妻子的人真是个好丈夫,不过,爱妻子就要表现在行动上,作为男人看到自己的妻子喜欢什么,应该尽量满足她,您说是不是? 衣服的价格虽然贵了一点,但品质特别好,有好几位男士专门在我这里买衣服送给妻子呢。”

那位先生听到销售人员这么一说,心想:“不就是几十块钱的价格差异吗? 别人能买得起我也能买得起。”

于是,那位先生就说:“买了,不在乎贵那么一点了。”

销售人员很快让客户签下了单子,到收银台去交钱。

很显然,该销售人员抓准了男人的好胜心理以及在公众场合爱面子的心理,在他太太购买衣服犹豫不决时,采用激将法刺激那位先生,从而在没有降价的情况下顺利成交。激将成交法是销售人员促成订单的一种有效方法。但在运用这种方法时,销售人员还需要注意以下几个问题:

1. 要看准客户的心理

在销售过程中,销售人员要采用激将法,首先要看准客户的心理。只有客户具有较强的自尊心、虚荣心和好胜心,才可能有效地激将客户。否则,将很难起到激将的效果,甚至还有可能把一桩很有希望的生意逼进死胡同。

一般而言,年纪轻的要比年纪大的容易激将,见识少的要比见识多的容易激将,越是讲究衣着打扮的、好争高比强的、地位较高、受人尊重的人越怕别人看不起,这样的人也容易被激将。

2. 确保客户确实具有购买的能力

激将成交法要求你能判断出客户的购买能力,一定要确保客户有足够的经济实力来购买你的产品,只是暂时下不定决心而已。假如客户真的没有实力,他很可能会顺着你给的台阶下来了,干脆不买,或买其他便宜的产品。

3. 不要伤害客户的自尊

在销售过程中,客户拥有成交的最后决定权。销售人员为了促成订单,可以采用激将法“逼迫”客户签单,但是必须以不伤害客户的自尊为前提。

在销售过程中,销售人员一旦让客户感到自尊心受伤害,往往就容易导致客户不再愿意与销售人员交易,甚至还会因“自尊问题”惹出其他问题。因此,正确使用激将法应该是在不刺激对方自尊的基础上,切中对方的要害进行激将。

4. 不要让客户看穿你的激将法

激将法是人们比较熟悉的计谋，因此，在使用激将法时也容易被对方看穿。所以，销售人员一定要注意态度和表情自然。否则，就容易让客户看出来你是在“激”他，从而产生逆反心理，最终导致无法成交。

总之，在销售过程中，激将法是销售人员促成订单的有效技巧之一，销售人员需要仔细揣摩客户心理，抓住适当的时机灵活运用此法，取得销售成功。

步步为营成交法

不少推销员在推销的时候会产生这样的困惑：为什么我们把产品介绍得很全面、到位，客户听得也很仔细，可是真正到了成交的时候，客户就是没有反应，不愿意立即成交呢？

究其原因，是因为客户在心里有自己的想法与需求，而销售员只想着自己快速推销产品，却没有认真地了解客户的真实心理与想法，单纯地把自己的思维强加到客户身上，这样自然会引起客户的反感。所以，客户对产品的需求不表态，只给销售员一个模糊的态度来敷衍，这样自然很难成交。

面对这种情况，我们可以采用步步为营成交法来促成交易。那么什么是步步为营成交法呢？所谓步步为营成交法，就是借助兵法中的稳扎稳打法。销售员首先要通过发问来找准客户的需求，了解客户的真实想法，然后再有计划地让客户跟着自己的思路走，步步为营，实现你对客户的“虏获”。

实现步步为营成交法要求销售员事前必须有一个周密的计划。计划是我们谈判的主心骨，如果事前不准备计划，在谈判的过程中，不仅销售员和客户的沟通会十分凌乱，而且销售员很有可能被客户牵着鼻子走，在推销的过程中丧失主动权。所以无论如何，作为一个销售人员，一定要学会根据客户的需求和客户的条件制订相应的应对计划。这是步步为营成交法的第一个步骤。

在根据计划对客户进行说服时，一定要注意有顺序地进行，并且要保证你的每一步计划都能够很好地为下一步做铺垫，这样步步为营，才能牢牢抓住客户的心理与思路。

下面这个案例中的销售人员就是成功地运用了步步为营成交法，成功地将客户说服，达成了交易。

小李是电脑传真软件销售员，他正要拜访一位需要传真机的客户，对于这桩生意，他事先做好了周密的计划，因此显得胸有成竹。

下面是小李与这家公司负责人的对话。小李首先对这位负责人说："谢谢您抽空见我，您在电话上提到贵公司需要一台传真机，我们谈谈，好吗？"

"请问您需要什么样的传真机呢？"小李开始询问这位负责人。

"当然是能传真给对方文件的机器啊！"负责人不假思索地说道。

小李接着问道："贵公司不是有电脑吗，为什么不利用电子邮件呢？"

这位负责人一听这话就开始大倒苦水："你可能不知道，我要传送的是企划书。我们大部分的老客户都可以接收电子邮件，但他们都不肯用。因为这些公司多半是有三四十年历史的老字号，老板对新科技一时还不能完全适应，而且也不信任。对他们来说，收到电子邮件后还要自己印出来，太麻烦了。所以，他们喜欢邮寄或传真。他们就是要看到白纸黑字才放心。"

"如果我没猜错，你还是比较喜欢用电子邮件，而不是传真机，对吧？"小李善意地冲着这个负责人笑了笑。

"没错，我讨厌用传真机，既要按一大堆按钮，而且又经常卡纸。千万拜托，我不要万能的机器，只要能用两三年的便宜货就够了。我敢说，两三年后，传真机就会像老打字机一样被子电子邮件取代。"

小李接着问道："那么，我再问您一个问题。您想要什么特别样式的机种？"看着客户迷茫的眼神，他接着说："对您来说，快速拨号的功能重要吗？您可以把常用的老客户号码预先设定，到时候自动拨号，方便吧？很多客户都说这样很省事。有些客户也很喜欢简单的影印功能，还有一种是当对方忙线时，它可以自动帮你重新拨号。"

这位负责人一撇手："不必了，影印机我已经有了，不必浪费多余的钱在上面，至于快速拨号和自动重新拨号的功能倒还不错，就看价钱如何。"

看完以上的对白，我们可以发现，这位负责人真正想要的，与他描述的根本是两回事：他需要一台传真机，但是，他根本不喜欢传真机。也就是说其实有没有传真机对这位负责人来说都无所谓。对他来说，只要可以迅速把文件转送给客户就行了。此时，小李就可以引出自己真正想卖的产品——电脑传真软件了。

小李笑着对负责人说：“照您刚才讲的，您不是很喜欢用传真机，只想迅速将文件传给客户，对吧？”

“没错。最好是越省力越好。”

“好，那么我建议您不用买传真机了，我相信您应该会喜欢这套电脑传真软件。这套软件不需要其他周边设备，能让您利用电脑收发传真。这应该比较符合您的需要吧？”于是，小李就开始对客户解释起这套电脑传真软件来。结果，当然是推销成功了。

在这个案例中，小李并没有急于推销自己的产品，而是通过周密的提问，一步步将客户真实的需求引导出来，并且保证客户一直在跟着自己的思路走。这样，小李将客户带入自己精心设计的环环相扣的谈话中，得出自己想要的信息，然后再提出自己的能够完全符合客户需求的产品，这样，客户自然会痛快地成交。所以，在销售中，如果我们能学会步步为营成交法将给我们带来很大帮助。

二选一，让客户快速成交

二选一成交法是指推销面谈进入一定阶段，顾客购买欲望被激发出来以后，推销人员直接向顾客提供两种购买决策，使顾客选择其一的促成方法。例如，推销人员可以问顾客“您喜欢 A 还是 B”或“我们给您 X 吨还是 Y 吨”等等。

提供选择是一种利用客户心理的有效的成交方法。如果在促成阶段，推销人员直接问顾客买还是不买的话，顾客的注意力就会被销售员引到了“我应不应该买”这样的问题上，这样容易让客户犹豫不决，显然，这种提问的方式是不恰当的。而通过假定客户已经同意成交，将客户的注意力引导选择具体的购买事项上，就可以让客户跳过心理顾虑期，从而快速成交。

日本的“推销之神”原一平先生就是运用“二选一法”的高手。

有一次，原一平去拜访某五金行的老板，目的是劝其投保。在听完原一平的自我介绍后，两人进行了如下的对话。

老板说：“保险是很好的，只要我的储蓄期满即可投保，10 万、20 万是没有问题的。”

原一平问：“那么您的储蓄什么时候到期？”

“明年2月。”

“我们不妨现在就开始准备，反正光阴似箭，明年2月很快就到了。”

说完，原一平拿出投保申请书来，一边读着客户的名片，一边把客户的姓名、地址一一填入。客户虽然一度想制止，但原一平就是不停笔。

“反正是明年的事，现在写写又何妨？”

“那好吧。”

“保险金您喜欢按月缴呢，还是喜欢按季度缴？”（以二择一）

“按季度缴比较好。”（原一平在申请书上填好）

“那么受益人该怎样填写呢？除了您本人外，要写您儿子还是太太？”（又是一个以二择一）

“太太。”

剩下的就是保险金额的问题了，原一平又试探性地问道：“你方才好像讲是20万？”（做出填写的样子，但这时千万要注意，没等到对方给予明确答复时，绝不能想当然地填写，那样就弄巧成拙了）

“不，不，不，不能那么多，10万就行了。”

“以您的财力，本可投保20万，现在只照您的意思填10万……”

“20万好了。”

“3个月后我们派人到府上收第二季度的保险金。”

“那不是今天就要交第一次的吗？”

“是的。”

于是客户当即交了保金，原一平开好收据，互道再见。

二选一法是卓有成效的促成法，它可以减少推销成交遭到拒绝的危险。当推销员观察到客户有购买意向的时候，应立即抓住时机，采用二选一法与客户对话。你不必问客户买不买，而应在假设他买的前提下，问他一个选择性的问题。在内容上，我们可以对产品购买的数量提供选择，也可以是对选购产品的质量、型号、花色、具体交货条件及加工程度等方面提供选择。

不过我们还要特别注意语言的表述，推销人员应避免用“您购买A还是B”或“您想买X吨还是Y吨”等较生硬的表述，我们可以采用“您喜欢……”或“给您送……”等更有助于达成交易的词语，避免勾起客户对购买的疑虑心理。

局部成交法，减轻客户成交的心理压力

局部成交法是利用局部成交来促成整体交易的一种成交方法，也称小点成交法。这是一种以小攻大、以小求大的成交策略、次要问题成交策略。

从顾客的购买心理来说，重大的交易问题会产生较强的心理压力，顾客往往比较慎重，一般不轻易做出成交决策。而在较小的交易面前，顾客往往显得信心十足，比较马虎，较容易做出成交决策。

局部成交法正是利用了顾客的成交心理活动规律，避免直接提出重大的、客户比较敏感的成交问题，而是向顾客首先提出较小的、次要的成交问题。由小到大、以小攻大、先局部成交，后整体成交。

因此，在销售中，推销人员应先就局部问题与顾客达成协议，减轻顾客的心理压力。然后，在此基础上，再就整个交易与顾客取得一致意见，最后成交。

比如我们可以这样对客户说：“张大哥，根据你们的情况，还是来一辆红色的汽车吧！现在定下来我们明天给你送来。”推销员没有先问他要不要汽车，而是在时机成熟后先在局部——汽车颜色上跟顾客成交，显然，汽车颜色要比是否购买汽车更容易和顾客达成一致意见，取得顾客的认可。

“刘女士，你们一行贵宾光临我们宾馆以后，我们将给你们都安排面向海滨的东一楼，能远眺大海，全部标准客房，您看还有什么事情需要我们做?”这位客房推销员没有直接向顾客提出是否住我们宾馆的成交问题，巧妙地以安排标准客房避开了成交的问题。

“王局长，您完全不必担心交货时间问题，我们工厂保证按照每一个客户的时间要求及时交货，您看是马上给您发货还是等到下月初呢?”这位推销员看准了时机，把成交整体转化为成交局部，先就发货时间方面的问题与顾客达成协议，再间接地促成交易。在这种情况下，推销人员抓住了有利的成交时机，既可以针对顾客的购买动机和购买意向，处理顾客的异议，又可以减轻顾客的成交心理压力，有效地促使顾客自动成交。

所以，在销售中，推销员如果能正确地使用局部成交策略，就可以创造良好的成交气氛，减轻顾客的成交心理压力。并且有利于推销员掌握主动权，富于灵活性，尝试成交，保留余地，即使顾客拒绝局部问题的成交也不至于前功尽弃，推销员可以继续提示其他成交小点，寻找新的成交机会。总之，它是一种十分有效而且可以广泛运用的成交策略。

假定成交，帮助客户做出购买决定

假设成交就是利用客户的这种心理，是销售员假定准顾客会购买自己的产品，并在此基础上展开进一步的引导的一种成交策略。其假定的基础来自推销人员的自信心，推销人员对于顾客“肯定会购买”必须深信不疑。这样才能做到轻松自如，缓和销售时的紧张气氛，增强顾客的购买信心，使之作出成交决定。

例如，推销员假定顾客已经决定购买自己推销的产品，便说：“王经理，我下周就把货送来。”如果经理不反对，那么生意就做成了。通过假定成交不仅试探了客户的购买意愿，而且帮助客户做出了购买决定，缩短了成交时间。

当顾客有意愿够买，只是认为产品的某些特点不符合自己的要求，这时，你可以与他们进行“假定成交”式的交谈，一般都能使洽谈顺利地进行下去。

比如客户说：“我希望拥有一个风景优美的住处，有山有水，而这里好像不具备这种条件。”

那么，你可以马上接着他的话说：“假如我推荐另外一处山清水秀的地方，并且以相同的价格提供给您，您买不买？”

客户说：“这部车，颜色搭配不怎么样，我喜欢那种黄红比例配调的。”

你可以回答：“如果我能为你找一辆黄红比例配调的车，怎么样？”

客户说：“我没有足够的现金，要是分期付款行吗？”

你可以回答：“如果你同意我们的分期付款条件，这件事由我来经办你同意吗？”

客户说：“唉呀，价格是不是太贵啦，我出不起那么多钱啊！”

你可以回答：“您别急，我可以找我的老板谈一谈，看一看最低要多少钱，如果降到你认为合适的程度，你会考虑吗？”

总之，假定成交可以将销售直接带入实质性阶段，通过逐步深入的提问，提高顾客的思维效率。和直接请求成交法相同，它使顾客不得不作出反应。但我们要注意，必须善于分析不同类型的顾客，区别对待。对于那些依赖性强的顾客，性格比较随和的顾客，以及一些老顾客可以采用这种方法。并且我们要在发现成交信号后，确信顾客有购买意向时，才能使用这种方法。同时，要尽量使用自然、温和的语气，不要让客户感到你是在怀疑他，创造一个愉快轻松的推销气氛。

“利大于弊”成交法

到了成交阶段，客户已经有了八成的购买倾向，但是此时又有一个心理因素在作怪，那就是当客户要做出购买决定的时候，会因为将要失去选择的机会而产生不安感。此时，客户通常会在头脑中本能地罗列出销售员推销的产品的种种缺点，和其他产品的优点进行比较，于是便开始犹豫是否值得购买。其实，客户头脑中开始想这些问题的时候，就表示他们心理上已经接受了你的商品，因为客户只有在有了购买意向后才会将产品拿到心中的天平上称量。

推销工作从一定意义上讲就是“利弊”相较量的工作，成交阶段更是如此。如果你能让客户感受到产品利大于弊，就能促成顾客成交；相反，利小于弊，促成交易将是一件十分困难的事情。在销售中，我们可以利用“利大于弊”成交策略，通过向顾客陈述购买商品所能得到的各方面利益，来抵消顾客自认为购买商品所带来的弊端，从而战胜顾客，说服顾客，促使其成交。

所以，在成交阶段，我们的销售策略不应该是再去和客户谈是否购买的问题了，而是和他谈购买后的话题，并描绘出客户因为购买了产品所得到的好处，尽量介绍产品的优势。但并不是“眉毛胡子一把抓”，我们要同时结合客户的实际需求来讲述产品能给顾客带来的利益。要分析一下，哪些产品优势是客户想要的，强调这些，而非所有，其他优势顺带提一下就可以。因为只有你讲述的产品优势都是客户最想要的，客户才会觉得这个产品更适合他。反之，过多地介绍一些客户不需要或不在意的功能和利益，会让客户觉得这个商品并不十分适合自己，自己没必要为那些不需要的功能而花额外的钱，虽然事实上商品并没有因为功能多而增加价格。

比如，复印机推销员可以这样向客户总结产品的好处：“我们前面已经讨论过，这种配备高清显示器和简单、实用操作系统的复印机比一般的复印机速度快两倍（优点），可以使您不必总在跟前守候（利益），您觉得呢？（试探成交，如果得到积极回应）你是想要功率大的还是小的（让客户选择）？”

如果听完我们重复的利益后，客户心中还是有疑虑，向我们指出产品的不足，我们可以这样回复他：“刚才听了您所说的这些不足，归纳起来只有一点，并且这一不足其他产品也有。但是，您可以考虑一下，购买商品将为您的公司带去多少好处。您使用这台机器，一年将节约多少成本啊！至于提高效率、减轻噪声、增强安全性等方面的好处，你更是再清楚不过的了。我们产品的这些优势其他产品可未必都有，您还犹豫什么呢？”

推销员利用这种策略成交时，一定要对顾客提出的各种问题胸有成竹，应付自如，并有针对性地向顾客列举各种利益，以便让客户意识到产品“利大于弊”，让客户下定购买的决心。

稀缺法则：让客户立即购买

在销售过程中，强调产品的稀缺性是促使客户尽快成交的一种有效方法。这种方法之所以有效就在于它让客户感觉到，如果不立即行动就会失去机会。害怕失去的心理会迫使客户尽快做出决定。

设想一下，当你对是否购买某件物品拿不定主意时，如果这件商品明天还会有，并且价钱不变，你会马上做出决定吗？也许你可能还要犹豫上好几天。但是如果这时，销售员对你说产品仅此一件或是明天就不会有这样的好价钱了，那么你就必须得马上做决定了，而且成交的可能性会很大。

“物以稀为贵”是人的普遍心理。一件东西越是稀少，人们就会觉得它的价值越高。难以得到的东西总是比容易得到的东西更具吸引力。当销售员告诉客户产品稀缺时，客户不知道什么时候才能有货，价钱也不能确定的时候，这种心理就开始发挥作用了。客户会受到它的驱使，不由自主地想要获得这种产品，以减轻潜在损失。担心蒙受潜在损失的心理会使客户产生巨大的焦虑，并促使他们立即采取行动来预防损失，哪怕他们对产品本身的购买欲望并没有达到十分强烈的程度。

我们经常看到小贩在路边大声吆喝：“走过路过，机会不可错过。”

超市里的导购员大声吆喝：“价值 66.5 元的超值套装，今天仅售 28.5 元，各位朋友，机会难得！”

这些都是在利用顾客“物以稀为贵”的心理，告诉客户错过了就可能买不到或不能享受到优惠价格了，以此来吸引顾客立即购买。

下面这个案例中的导购员就非常懂得客户的心理，善于利用稀缺法则来避免客户的拖延心理，使客户提前购买他们的产品。

一位顾客在一款地砖面前驻留了很久，导购走过去对顾客说：“您的眼光真好，这款地砖是我们公司的主打产品，也是上个月最畅销的产品。”顾客问道：“多少钱一块啊？”导购说：“这款瓷砖的价格是 150 元一块。”顾客说：“有点贵，还能便宜吗？”导购说：“您家在哪个小区？”顾客说：“在东方绿洲。”导购说：“东方绿洲应该是市里很不错的楼盘了，听说小区的绿化非常漂亮，而且室内的格局都非常不错，交通也很方便。买这么好的地方，我看您就不用在乎贵这么一点了吧？恰巧您又赶上我们这两天正在对东方绿洲和威尼斯城做一个促销活动，现在买您能享受八折优惠。”顾客说：“可是我现在还没有拿到钥匙呢？不知道具体的面积怎么办呢？要不我过两天再来买吧。”导购说：“您过两天就享受不到八折优惠了，何况这款地转很畅销，万一等到您过来买的时候产品脱销了，岂不耽误您装修吗？这样吧，您可以先交定金，我们给您预留出来，等您拿到了钥匙再来提货。”

听导购这样一说，顾客马上交了定金，并且非常感激导购。

具体来说，在销售过程中，我们可以从以下两个方面入手制造产品的稀缺性，让客户迅速签单。

1. 给产品促销规定最后期限

我们在日常生活中都有这样的体验：如果我们所做的事情被规定了最后期限的话，那么我们就会感到有一种压力促使我们迅速采取行动来将它完成；如果没有最后期限的要求的话，那么我们很可能会一再拖延。客户购买产品时也是一样，如果销售员能给他规定一个促销的最后期限，那么他做决定时会容易得多。

比如，一位导购员对顾客说：“我们促销的时间就是这 2 天，过了就没有优惠了，所以现在买是最划算的时候……不然您得多花好几十元呢，省下的钱拿来买点别的东西多好……”导购员用“促销时间即将结束，以后不可能再有”这样的优惠来吸引顾客赶紧购买产品。

2. **强调产品数量的有限**

当顾客遇到清仓大甩卖时，他们往往会表现得很积极，不用销售员多费什么口舌，他们就能立即购买。这就是因为甩卖的产品数量有限，他们必须要在货品被“抢光”之前赶到那里把东西挑好。否则，过了这个村，就没这个店了。所以，如果产品比较有竞争力的话，销售员就可以使用这个方法。不用害怕会把客户赶跑，你越是拒绝他们，他们就越认为产品好，越是想得到。

掌握瞬间成交法，莫失销售良机

在销售中，我们经常会发现一些销售员成功地将客户的热情调动起来，客户已经有了很强烈的购买意愿，但是他们最终并没有赢得订单，这是为什么呢？

很大一部分原因在于他们不懂得“快”字在成交阶段中的重要性。要知道，客户总是害怕决策失误，所以他们在签单前会小心翼翼地货比三家；同时也为了在谈判中能够占优势、获得最大化的利益，所以一般很少有客户会主动提出成交。所以销售员就应该始终保持主动，当成交时机成熟时就要果断地提出成交的要求，踢好临门一脚。

一些销售员对自己缺乏信心，总觉得自己对产品的介绍还不够翔实，怕客户还有不清楚的地方，总希望能给客户留下一个十分完美的印象，结果反而失去了成交的大好时机。销售员小高就犯了这样的错误。

小高是某热力公司的销售员，他非常勤奋，沟通能力也相当不错。前不久，公司研发出了一种新型的节能型燃气炉，较之过去的同类型的产品有很多性能上的优势，价格也不算高。此时，有一家企业正好需要购买一批采暖设备，采购部主任对小高公司的新产品表现得十分热情，反复向小高咨询有关情况。小高于是详细、耐心地向他进行了介绍，对方表示对产品很满意。双方聊了两个多小时，十分愉快，但是小高并没有向对方索要订单。他觉得，对方还没有对自己公司的产品了解透彻，应该多接触几次再下单。

几天之后，小高再次和对方联系，同时向对方介绍了一些上次所遗漏的问题，对方很是高兴，就价格问题和他仔细商谈了一番，并表示一定会购进。这之后，对方多次与小高联络，显得非常有诚意。

为了进一步巩固客户的好感和增强客户购买产品的决心，小高一次又一次地与对方接触，并逐步和对方的主要负责人建立起了良好的关系。他想："这笔大单子已经是十拿九稳的了。"

然而，半个月过去了，客户采购产品的热情却慢慢地降低了。再后来，客户还发现了他们产品中的几个小问题。这样拖了近一个月后，客户告诉小高他们已经从别处进货了。

从这个案例中我们可以看出：小高的失败，显然不是因为自己不够执著或沟通不当，也不是因为产品本身缺乏竞争力，关键的原因是小高一再拖延成交，没有把握好成交的时机。他太过于追求完美，过于谨慎，结果导致生意被别人抢去了。

所以，销售员的动作一定要快，要掌握"瞬间成交法"。当然成交需要等待一个恰当的时机的到来，这就需要客户能够准确把握客户的心理，当你从客户的言语表情动作中观察到他的热情已经足够强烈，拒绝购买的阻力已经被你成功消除了的时候，你就一定要抓住时机向客户索要订单。

对于这一点，推销员老陈就把握得很好。

推销员老陈敲开了客户李先生的门，向他推销多功能豆类榨汁机："李先生您好，是您的同事马先生向我介绍您的，他用过我们的产品后觉得不错，因此我今天特地来拜访您，希望我们的产品也能够为您带来便利。"

李先生打消了怀疑态度，让老陈进入室内。于是老陈全方位地讲解了豆类榨汁机的优良性能，并进行了精彩的示范。李先生表示出极大的兴趣，但是他认为操作步骤有些麻烦。老陈从容不迫地告诉他："操作起来是有些麻烦，但是它具有一流的质量、低廉的价格和多功能的好处，所以还是值得的，况且这是我们公司的新发明，市场上还没有同类产品呢。"看到李先生点了点头。老陈趁机说："你喜欢黄色还是绿色？"李先生挑了一个绿色的，就这样交易很快完成了。

在这个案例中，推销员老陈看时机成熟后，及时地向客户提出了购买的请求，从而快速而又轻松地取得了成交。

在以上两个销售案例中，客户对产品都比较满意，按理说都应该能够轻松完成交易，但是第一个案例中的销售员却失败了。所以，推销员要引以为戒,在销售中要注意客户的心理变化,及时捕捉稍纵即逝的成交信号,运用瞬间成交法快速促成交易。

订购单也是说服的工具

订购单是推销人员和顾客之间的买卖契约,是买卖双方在双方信用的基础上达成的协议。客户面对订购单时,总有一种担心与迟疑的心理。他们害怕错误的决策可能会给自己造成的损失,所以未经过慎重的考虑往往不敢轻易地填写订购单。

一些推销人员不懂得客户的心理,在进行推销活动时往往操之过急,迫不及待地拿出订购单让顾客填写盖章,结果事与愿违,往往以顾客的拖延或直接拒绝而告失败。相反,优秀的推销人员则非常善于使用订购单。在他们手里,订购单不再是给客户带来压力、给推销人员带来阻力的东西,而是说服客户、促进客户下决心购买产品的有力工具。

让我们看看这些优秀的推销人员是如何巧妙地利用订购单的:

他们并不是突兀地拿出订购单让客户填写,而是伴随着说服过程同时进行的。这些推销人员往往一边与客户交谈一边填写订购单上的一些内容,如交易的时间、地点、负责人等等。当销售员把这些内容填写完整递给顾客签名或盖章时,他们可能会惊异,因为他们还没有最终确定是否购买。不过不要紧,这份已填写了的订购单会成为促进客户最终签名的催化剂,暗暗地起到进一步说服的作用,又不致引起顾客的反感。

这是因为,在一般人的心目中,书面的材料往往比较正式,所以,这份订购单可以给客户带来一种郑重感,促使客户认真考虑购买事宜,从而避免顾客“以后再说”的拖延心理,现在就下定决心购买产品。另一方面,给客户提供一张已经完成大半的订购单比空白订购单更能够减轻顾客的防卫心理,促进交易的达成。所以,订购单有时也是很好的说服工具。

推销员小李就很擅长运用订购单帮他取得交易的成功,下面是他对自己是如何使用订购单的经验的讲述:

我和客户的商谈已经到了最后成交的阶段,于是,我换了一种语气和客户说话,仿佛对方已经是那套房子的主人似的。

“它已经是你的了,你一定会满意的。你知道吗?这座房子不仅环境好、价格合理,而且税务部门以后会退还你缴纳的税金!所以,我得赶快把你的报税号码抄下来,填在这里,你很快就会收到退税了。”

“再过四个月您就会收到钱了,是不是很棒?请告诉我你的银行账号,方便税务机关给您汇款。”我继续说,“这是房屋出租账号的专用申请表。如果你希望把房屋租赁出去,那么租房者就会知道他的房租该汇给谁,你一定希望每个月都有租金收入吧?这样行了吗?请在这里签下你的大名!”

就这样,我顺水推舟地让客户签上了大名。

你要轻松地填写订购单,这样客户也会感到轻松,最后的签名盖章才会理所当然。

客户本来就是被我们一步步引向签约之处的,所以,不要把客户最后签下他名字的这一步想象得有多难,一切自然而然就行了。

巧妙地运用订购单可以为我们的销售助一臂之力,但是如果运用不当,也会产生负面效果。销售人员在填写订购单时,有以下两点需要注意。

1. 要光明正大地填写订购单的内容,不要偷偷地背着顾客填写,这样易使顾客产生怀疑和逆反心理。并且,在填写订购单时最好同时把所填写的内容读出来,让顾客听到。不要读错或填错,在填写名称时,一定要确保每个字都准确无误,不清楚时可向顾客询问,这样做不仅确保了订购单的准确有效,也体现了推销人员对待工作的认真态度,能够赢得客户更多的信赖。

2. 心理学研究显示:把订购单放在顾客的右手边上会让他有压迫感,产生不情愿的心理。所以,让顾客签字盖章时,最好把订购单放在顾客的左侧。

第十一章

签单只是销售的开始——在售后服务中提高客户满意度

乔·吉拉德有一句名言：“我相信推销活动真正的开始是在成交之后。”要想成为销售冠军，就不能做“一锤子买卖”，签单并不意味着销售的结束，而是新一轮销售的开始。销售员只有在成交之后继续关心顾客，为客户做好售后服务，才能既赢得老顾客，又能吸引新顾客，使生意越做越大，客户越来越多。

给自己的服务披上情感的外衣

无论物质多么发达,科技如何进步,人们都渴望得到情感的温暖,渴望被感动。不要说购买体验,就是在我们的日常生活体验中,感动也是极其稀缺的。正因为稀缺,人们才更加渴望它。这种渴望感动的需求为情感营销提供了可能。也正是由于商家和销售人员以真诚的情感来为客户做好售后服务才使商业活动不再那么冷冰冰,而充满了人情味。

事实上,每个人的心灵之门大多数时候都是紧锁着的,这是一种本能的自我保护。在销售活动中,客户为了防止吃亏受骗,在未对卖方完全信任以前,心理上更是会保持一种抗拒状态。然而有一种东西就能融化客户心中的坚冰,那就是感动。因为人们对于他人出自真诚与善良而做出的有益于我们的付出时,我们的情感是不能不受触动的,是无法再进行拒绝的。感动就像一把心灵之门的万能钥匙,即使是铜墙铁壁也能应声而开。

美国推销大王乔·坎多尔福曾说过:“推销工作98%依靠感情,2%依靠对产品的了解。”乔·吉拉德也说过:“只有你真正地爱你的顾客,他才会真心爱你,爱你卖的东西。”可见,情感营销是营销的最高境界。

所以,销售员不仅应该在销售时更应该在售后服务中真心实意地关怀客户,让客户被我们付出的情感所感动,让客户更加信赖我们。这样,我们在销售中得到的不仅是丰厚的收入,更重要的是我们以真情换来了客户的真情,并且很有可能和客户成为朋友。

就拿北京的一家“老伴”体验店为例,售后服务人员在得知一对老年体验夫妇每天上下楼不方便时,就主动帮助这对老人购买早点,并送到家中。儿女不在身边的两位老人对这种额外的服务非常感动。逢人就说,见人就夸,给这家店带来了极好的声誉。

其实售后服务人员只是站在晚辈的角度为老人做一些力所能及的事而已,但这已经足够让这对老人感动不已,从而无形中为商店树立了良好的形象,可见,情感的力量是多么地强大。

让我们再把目光转向台塑集团总裁王永庆先生,看看他是如何在售后服务中通过真情付出来赢得客户的。这位台湾“经营之神”年轻时曾经开过米店。那时候，还没有送货上门的服务，但是王永庆却主动给顾客送米（十一分的付出），他不仅将米送到顾客的家门口，还要帮顾客将米倒进米缸里。（十二分的付出）如果米缸里还有米，他就将旧米倒出来，将米缸刷干净，然后将新米倒进去，将旧米放在上层，这样，米就不至于因放得过久而变质（十三分的付出）。就是通过这“十三分”的真情付出令顾客感动得一塌糊涂，所以大家都来买他的米。

让顾客感动并不一定要做什么惊天地、泣鬼神的大事，有时，你在一个小小的细节上为客户着想，就可能感动客户。就像王永庆先生一样，在卖米这一在常人眼中不起眼的小生意上，他都做到了尽心尽力地为客户服务，给客户带来心灵的触动，从而赢得客户的心。相信他的“大事业”也是靠着对客户这一点一滴的真情才经营起来的。

其实，销售员与客户结缘，有时根本用不上什么高深的理论，大多数时候，客户都是用情感购物的。所以销售员要掌握开启客户心灵的钥匙，与客户进行情感对话，在售后服务中不仅要做好本职工作，还要给客户带来一些感动，这样才能保证你的客户源源不断地到来。

不做“一锤子买卖”，成交后说声“谢谢”

许多销售员觉得，自己和客户之间就是一种我提供产品和服务、你出钱购买的简单的商业关系，因此，在与客户交往的过程中表现出很强的功利性。他们所做的一切都是为了能达成交易。这样的销售员是很短视的，要知道，我们与客户的交往不止这一次，我们要尽可能与客户成为朋友，把他们发展成为我们的老客户，并且让他们不断帮我们介绍新客户。这样，销售才能越做越容易。所以我们不能做“一锤子买卖”，成交后要对客户说声谢谢。

事实上，你永远不是唯一的卖主，客户不一定非要和你做生意。客户也没有任何义务帮助你、支持你。所以很有必要对客户表达我们的感激之情。在这个世界上，没有人会拒绝别人对他的感谢。当你表达感恩时，客户会感到被尊重和认可。同时，你也让客户了解到你是一个知恩图报的人，客户自然愿意与你保持长久的联系，并且给你介绍客户。

所以,一句"谢谢"看似微不足道,实际上在很大程度上决定着推销员的销售业绩。感恩能帮助我们建立良好的人际关系,加强沟通、增进感情。不知道感恩、冷落客户的人往往难以赢得别人的好感和支持,最终遭到背叛。

销售员乙就是一个不知感恩的人,结果得罪了客户,损失了一大笔生意。

甲和乙两位推销员坐在办公室里聊天。

甲:"你是不是过一会儿有一位重要客户要接待?"

乙:"是呀,他要和咱们公司签订50万元的一份大单。我今天和他约好在这儿商谈最后的一些细节问题。"

甲:"你真幸运,碰到这么一个大客户,这个月的提成一定不少。"

乙:"那当然!"

甲:"你真应该感谢他,他可是你的财神。"

乙:"感谢什么呀?他也从这笔生意中获利不少,这是各取所需。像他那种人,有奶便是娘,这是生意人的通病。"

就在他们谈得热火朝天的时候,乙正在等的客户脸色很难看地站在了门口。

像销售员乙一样,一些推销员不了解客户的心理,不肯表达自己对客户的感激之情,他们总是过河拆桥,一旦生意谈成,"胜券在握",他们就抛开客户不管,转身开发其他客户。当客户发觉你唯一的动机就是为了快点拿到佣金时,他们的心里就会产生被利用和受到轻视怠慢的感觉,那么你们的交易必然泡汤。

作为世界上最伟大的推销员,乔·吉拉德对客户支持自己的生意充满了感激。他在成交后除了要给客户寄一封感谢信之外,还要在次日上午打电话给客户,再次表示谢意。

他说:"我有时也会亲自给客户拨电话,我说我是公司的总裁,我非常感谢他们的生意合作。而且,我还会问他们对我们的服务有什么意见,是否有一些问题需要和我讨论。然后,我会告诉他们我的直拨电话号码,希望他们随时与我联系。你可能都不相信我的电话对他们产生了多大的影响,毕竟,你什么时候接到过一位总裁亲自打来的电话,而电话的内容又是询问你是否对他们的产品感到满意呢。"

他从不忘记在成交后真诚地对客户说:"谢谢您!我想让您知道我是多

么感激您的合作，我保证尽一切所能为您提供最好的服务，以此证明您从我这儿买车是一个正确的选择。”

乔·吉拉德之所以能成为世界上最伟大的推销员，就是因为他在每一笔交易结束后不忘自然而然地说出一句礼貌的“谢谢您”。不要担心你把这句话说得太多，实际上，你重复的次数越多客户就会越被你懂得感恩的心所打动。除了对客户直接把谢意说出来，我们还可以像乔吉拉德那样，寄封感谢函给我们的客户，或以其他你认为更好的方式来表达。感谢他能接听你的电话，感谢他抽出时间与你见面，感谢他听完了你的产品介绍，感谢他选择了你为他服务。总之，要让客户感受到我们真诚的谢意。

“一诺千金”：承诺客户的要立即去做

许多销售员在快要成交时，为了能使客户尽快地签单，常常通过许诺来打消客户的顾虑。如许诺承担质量风险，保证商品优质，保证赔偿顾客的损失；答应在购买时间、数量、价格、交货期、服务等方面给顾客提供优惠等，无论客户提出什么样的要求他们都先答应下来。销售员有没有想过，如果这些承诺无法兑现，客户会产生怎样的心理？他们不但会抱怨、不满，甚至还会对销售员失去信任，取消当初的订单。一旦发生这种情况，我们所损失的不只是这一个客户，而且连同他周边所有的潜在客户资源也有可能流失掉。

所以，销售员不要为了让你的客户作出购买的决定，而对他们作出你根本无法达到的承诺。在承诺前，同时要考虑自己的诺言是否符合公司的方针政策，不能开空头支票。如果销售员一旦许下诺言，就要不折不扣地立即实现诺言，让客户满意。

然而，做到这一点并不容易，很多销售员不经意间就让自己掉进了亲手挖掘的“陷阱”里，使自己进退维谷。销售员小赵就犯了这样的错误。

春节前夕，某品牌啤酒厂家的销售员小赵为了达成本月的销售任务，决定在节前对客户进行占仓压货，下面就是他给所管辖的经销大客户张老板做的一次压货电话沟通：

小赵：“张老板你好，我是小赵，最近生意不错吧？”

张老板：“哦，是小赵啊，你好，你好，生意还行。呵呵。”

小赵:“这次想跟你沟通一件事情,你看快过节了,现在也是啤酒销售旺季,这个月公司给定的目标量是50万元,20号以前你能不能完成?”

张老板:“完成没有问题,但拉来往哪放呀,我可没有那么多的仓库啊!你能帮我解决仓库的问题吗?如果公司出钱把仓库的问题解决了,我就在20号以前把50万元的货拉走。”

小赵:“这样吧,你自己先垫资找仓库,我给你向公司申请2000元的占仓费,费用包在我身上,但产品你可一定要拉走,行不行?”

张老板:“行,那我现在就派人去找了,50万元的货我在20号前拉走。”

小赵:“好,就这样定了……”

可事后的结果是,客户如期把产品拉走了,春节是啤酒销售的黄金季节,产品供不应求,但2000元的占仓费公司却没有批下来,这让小赵一下子陷入了尴尬的境地。

案例中的小赵在没有确认能够给客户申请下来占仓费之前,为了自己能够完成公司下达的任务量,不惜向客户“抛”出“诱饵”,承诺只要能在规定的时间内达成目标,可以给予2000元的占仓费支持。但客户没有想到的是,这只是一个美丽的“谎言”。一旦费用没有批复下来的事实让客户知道之后,客户会怎么想?这肯定会给客户经销的积极性带来损伤,让客户对厂家的承诺产生怀疑,严重的还会造成厂家和经销商之间出现隔阂。

由于市场竞争的激烈,很多销售员像小赵一样,常常为了达到完成销售任务、拿奖金、晋升等目的,不惜“铤而走险”,大肆向客户进行承诺,或者不负责任地开一些“空头支票”,但是,当承诺由于种种原因无法兑现时,必然是“搬起石头砸自己的脚”,既失去了客户的信任,又毁了自己的信誉。

所以,作为销售员,要想在销售领域里有所建树,就必须体谅客户的心理,不要欺骗客户,摈弃轻易许诺这种“饮鸩止渴”的短期“自杀”行为。要树立个人品牌,不要拿职业生涯开玩笑。决不可为了一时痛快或意气,而置企业利益、个人立场与原则而不顾,随意承诺,最后不仅让自己蒙受损失,而且还让自己“身败名裂”,在行业内难以立足。真正优秀的销售员必定惜诺如金,一旦承诺了,就务必要予以兑现。

签单只是销售的开始，要与客户保持长期的联系

有些推销员就像游牧民族一般，不断地在逐水草而居，开辟新领地。他们成交后一拿到钱就脚底抹油，客户再也见不到他的人，也听不到他的问候了，一点也不重视售后服务。这样很容易引起客户的反感，客户心里会想：难道你就只是利用我来赚钱而已吗？客户会对我们产生不满，并且一旦产品出了问题，他们找不到人来为他们解决的话，会对我们更加气愤，一个客户及他能够给我们带来的更多的客户资源就在我们的冷落疏忽下溜走了。

所以，千万不要成为这样的推销员，你要随时与客户保持联系，用你的真心去关怀他们，让客户感到满意，这样你才可能有更多的销售机会。

乔·吉拉德就十分重视与客户保持长期的联系。他希望客户们在成交之后不要忘了他，所以他制订了一项写信计划。曾有人开玩笑说："当你从乔·吉拉德手中买下一辆汽车后，你必须要出国才有可能'摆脱'他。"

乔·吉拉德每个月都要给他的所有客户寄出一封信，这些信都装在普通信封里，信封的颜色和大小经常变化。他还留心不让这些信看起来像邮寄的广告宣传品，以避免还未拆开就被客户扔进垃圾袋里。

乔·吉拉德还会随信附上一张卡片，卡片的封面一律写上"我爱你"。但是在卡片的里面，每月都换新的内容。他从来不在每月的 1 号和 15 号发出这些信，因为这两天正是大多数人需要缴纳各种日常费用的日子，而他希望他的客户收到信时能有一种好心情。

乔·吉拉德每年都以非常愉快的方式，让他的名字在客户家中出现 12 次。在乔推销生涯的后期，他每月要寄出 14000 张卡片，也就是说每年要寄出 168000 张。

乔·吉拉德为什么要这样做呢？他只想告诉他的客户一件事，那就是他爱他们。那么乔·吉拉德这样做又值不值得呢？他每年所有交易的 65% 都来自那些老客户的再度合作足以证明了他这样做的价值。

全世界的推销经验都证明，老客户会不断地带给我们新生意。所以，当产品售出后，我们更应随时与客户保持联系，随时提供满意的售后服务。当客户体会到我们服务得周到后，他们便会心甘情愿地为我们做义务宣传。

具体来说，我们可以从以下几点入手，与客户保持联系。

1. 通过电话、信件、卡片等问候客户

完成交易后，及时打电话做客户回访，询问产品等是否一切正常，看看还有哪些需要帮助的事情。并且保持定时打电话问候客户的习惯，即使不做售后服务，打一个友谊性的电话也可以。另外，给客户写感谢信、寄生日卡片也是一种有效方法。或许这些行为本身并不能让客户立刻跑来照顾自己的生意，但是，如果这些做法能够长期坚持下去的话，一定能够打动你的客户，取得长远的效益。

2. 及时回复客户的咨询

销售员是客户的直接服务者，所以一旦发生问题，客户一定会首先想到找我们来解决。这也体现了客户对我们的信任，所以我们一定要努力为客户解答，并保证让他们满意。

3. 巧用礼物来维护好与客户的关系

例如客户的公司开业或举行庆祝酒会，邀请你参加，你必须准时出席。同时你还要考虑送上合适的礼品，例如花篮之类。这样，一方面可以让客户高兴，另一方面又可做免费宣传。

每逢过年、过节或在对客户来说有特别纪念意义的日子里，也应有所表示，最低限度也要以电话恭贺。

4. 及时为客户提供产品更新信息

我们销售的产品在技术和质量上必然不断提高，所以，生产出了新的产品一定要及时通知客户。这样一来，既可以显示你的关心，又可以争取新的销售机会。

总之，请记住，我们的每一个客户，都有成为我们的回头客，并且为我们介绍新客户的可能性。所以，我们要靠周到的售后服务来留住客户的心。

积极回应抱怨，赢得客户的宽容与信任

在心理学中存在一个著名的霍桑效应，它是这样产生的：美国芝加哥郊外的霍桑工厂专门制造电话交换机，工厂有较完善的娱乐设施、医疗制度和养老金制度等，但工人们仍然愤愤不平，生产状况很不理想。厂方请来心理

学家帮忙，心理学家用两年时间，找工人单独谈话，在谈话中耐心倾听工人对厂方的各种意见和抱怨。这就使工人郁结在心中的对工厂的种种不满得以释放，取得了心理平衡，这样，他们心中没有了怨气，工作时积极性自然会提高；而厂方听取了工人的抱怨后则可以发现问题所在，及时改正令工人不满的地方，消除他们的意见。结果，通过谈话收到了意想不到的效果：霍桑工厂的产值大幅度提高。

霍桑效应同样适用于销售中。当客户的需求没有得到满足时，就会通过情绪、语言和行动表达出来，对产品和销售员产生抱怨。不少推销员把客户的抱怨视为小题大做，无理取闹，这是由于推销员没有替客户着想。例如，交货期限比计划迟了一天时间，从推销员的立场来看，没有什么大不了的，但对客户来说则是一件大事，交货推迟可能会把一个周密安排的计划打乱。假如推销员事先不了解情况，甚至当着客户的面说“有什么可值得大惊小怪的？”“问题不会如此严重吧？”如果你如此对待客户的抱怨的话，对方一定会更加愤怒，当场与你争执起来，这样，你就永远丢掉了这个客户。

当客户心中有了不满，促使其讲出来比让它闷在心中更好。否则，无处发泄的不满总会不时浮现，反复刺激客户，这种消极心理对客户影响很大，久而久之，容易造成客户对卖方的不信任。站在卖方的角度考虑，如果我们不积极回应客户的抱怨，那么我们究竟哪里还需要改进也就无从得知，必然会让客户产生更多的抱怨。另外，一个客户的嗔怪可以影响到一大片客户，他们的尖刻评价比广告宣传更具权威性，使卖方和销售员的形象和声誉受损，阻碍着销售工作的深入与消费市场的拓展。因此，对待客户的抱怨千万不能掉以轻心。要多为客户着想，耐心听取客户的意见，积极采取有效措施予以妥善处理，从而赢得客户的宽容和谅解。

被誉为“经营之神”的松下幸之助先生就认为，对于客户的抱怨不但不能厌烦，反而要表示欢迎，因为这是提升我们的品质、取得订单的一个好机会。他曾经这样告诫下属：

“客户肯上门来投诉，其实对企业而言实在是一次难得的纠正自身失误的好机会。有许多客户每逢买了次品或碰到不良服务时，因怕麻烦或不好意思而不来投诉，但坏印象坏名声却永远留在了他们的心中。因此，对待有抱怨的客户一定要以礼相待，耐心听取对方的意见，并尽量使他们满意而归。即使碰到爱挑剔的客户，也要婉转忍让，至少要在心理上给这样的客户一种如愿以偿的感觉，如有可能，推销员尽量在少受损失的前提下满足他们提出的一些要求。假若能使鸡蛋里面挑骨头的客户也满意而归，那么你将受益无穷，因为他们中有人会给你作义务宣传员和义务推销员。”

松下幸之助还结合自己的亲身经历讲到这样一件事：

有位东京大学的教授寄信给他，说该校电子研究所购买的松下公司的产品出现使用故障，接到投诉信的当天，松下幸之助立即让生产这种产品的部门的最高负责人去学校了解情况，经过厂方耐心地解释与妥善地处理，研究人员怒气顿消、十分满意，他们还为松下公司推荐其他用户和订货单位。

松下幸之助先生在白手起家的创业道路上还总结出来一些处理客户抱怨的原则。例如：

1. 为了正确判断客户的抱怨，销售员必须站在客户的立场上看待对方提出的抱怨。时常站在客户一方想一想，许多问题就好解决了。

2. 对客户提出的抱怨采取宽宏大量的态度是有益的，这样做有助于继续得到客户的订单，而且还可以把支付索赔的费用追补回来。

3. 要向客户提供各种方便，尽量做到只要客户有意见，就让他当面倾诉出来，同时善于发现客户一时还没有表示出来的意见和不便提出的问题。

4. 客户不仅会因为产品的质量与规格品种问题提出抱怨，还会因为产品不适合他的需要而提出抱怨，销售员不要总是在商品原有质量上打转转，要多注意客户需求的满足与否。

5. 有些时候，你对客户的索赔只进行部分赔偿，客户就感到满意了。在决定补偿客户的索赔以前，最好先了解一下索赔的金额，通过了解你会大吃一惊，赔偿金额通常要比原先的预料少得多。

6. 如果你拒绝接受赔偿要求，应婉转充分地说明己方的理由，让客户接受你的意见就像你向客户推销产品一样，需要耐心细致而不能简单行事。

在接待抱怨的客户时，销售员还可以采取一些“缓兵之计”来在感情上接近客户，稳定对方的情绪，分散客户的注意力，尽量避免双方可能出现的冲突。

1. 请客户坐下来慢慢讲，认真聆听并做好记录

当人感情冲动时，大脑神经处于极度兴奋状态，心跳加快，有人双手颤抖，呼吸急促，有人甚至捶胸跺脚，又蹦又跳，为的是解心中闷气。为了使冲动的客户尽快平静下来，推销人员应热忱招呼他们坐下来诉说抱怨。自己在一旁倾听，并郑重其事地把对方的意见记下来。

作好抱怨记录，可以使客户认为他们的意见受到了某种重视，没有必要再吵闹下去。一份完整详尽的抱怨记录，将使得推销一方更好地接近客户，了解客户的真实信息，并为自己下一步更妥善地处理抱怨提供参考依据。

2. 把抱怨的客户当成朋友一样热情地接待

热情地接待客户，给客户敬一支香烟、泡一杯热茶、递几块糖果等，安慰一下客户的情绪。例如，一批旅客预订了旅馆客房而无法马上入住，因为前面的客人刚刚退房离店，服务员正在房间整理清扫，拎着大包小袋从外地赶来的旅客在走廊上大发牢骚，怨言不断。经验丰富的经理见状，立即请客人到自己的办公室暂时休息，并给每一位泡上了一杯热气腾腾的歇脚茶，受敬使人气平，受礼使人气消，在场的客人连声道谢，再多等一会也不会生气了。

3. 尽量认同对方的看法，并对客户的意见表示感谢

我们可以这样对客户解释："多亏了你的指点……你有理由不高兴……"、"对这个问题我也有同感……"、"感谢你对这个问题的提醒……"这样的对话往往可以平息抱怨的客户。

4. 尽量满足客户的合理要求，对不合理要求要智取不能硬碰

一般来说，客户的要求并非像人们想象的那么苛刻，与已达成的协议或交易相比，退换退赔的数量与项目是十分有限的，不近情理的要赖型客户毕竟属于极少数。如果客户提出的是合理要求，推销员应该从大局出发，不妨自己吃一点小亏，退一步是为了进两步，接受客户提出的合理要求。反之，如果拒绝对方的某些合理要求，有时会给人以不通情理、吝啬小气的感觉，于己也不利。

如果有时客户退换货品或赔款的要求超出了实际界限，卖方不能够接受这种过分的要求，如果当面表示断然拒绝，甚至流露出是对方有意敲自己的竹杠，就会导致买卖双方当事人的情绪对立，最终受损失的一方还是卖方。所以，销售员不要急于表明自己的"清白"，更不能马上指出责任在客户身上，而是要细心引导，循循善诱，设法让客户自己去得出结论。精明的销售员应该回避直接讨论退、赔等问题，而是从分析入手，逐步明了双方的各自责任，剔除其中抱怨夸大的因素，最后得出双方都能接受的条件。

超出期望的服务是客源不断的秘诀

作为销售员,我们都羡慕、敬佩那些销售大师,并且希望自己也能够掌握使客户源源不断的秘诀。其实这个秘诀并不深奥,我们从温哥华繁荣的旅游业中就可以得到一些启示。

温哥华是西太平洋沿岸美丽的海港城市,是著名的观光胜地。温哥华被授予“最佳旅游目的地”、“北美最好的城市”、“世界最佳商务旅行目的地”等多项美誉,并且让游人流连忘返,有许多游客每年都要固定去温哥华休假。事实上,即使游客达到完全满意后,由于求奇求新的心理,他们还是会选择去其他旅游地,那么,温哥华是如何留住游客的呢?

温哥华之所以如此吸引游客,就在于温哥华旅游目的地营销组织(DMO)在服务过程中给游客提供了意外的价值期待。这项服务使温哥华作为国际旅游目的地的竞争力倍增,“超出期望”,已成为温哥华旅游业品牌的核心价值内涵。

温哥华旅游业服务者通过不间断的问卷调查与游客进行双向沟通;迅速响应游客的期待或意见,马上采取措施,制定一套服务机制,并落实到服务工作的每一个细节中;敏锐观察游客的需求,时刻想到游客前面,不仅解决了他们的基本问题,而且还透过对游客的了解,记住他们的偏好与特殊需求,超出他们的期望,给他们带来惊喜。

事实上,顾客在消费时内心都有一个已经设定好的期望值,当这个期望被商家满足后,顾客自然满意,但这还不足以使顾客与你成交并且成为你忠实的老客户。我们都知道,在情场上,给对方意外的惊喜是永不过时的妙招,那些能够给女孩带来意外惊喜的男孩通常能够赢得芳心,成为竞争中的胜利者。其实,在商场上也是如此,而且有过而无不及。就像恋爱中的情侣渴望收到对方带来的意外惊喜一样,在客户心里,如果能够感受到销售员超值的服务的话,那么他自然会更加愿意与你成交。温哥华旅游产业之所以如此发达,就是因为营销者充分把握了游客的这种心理,在服务上做了百分之二百的努力来打动他们。

在工作中,我们经常能听到销售员抱怨:自己跟另外一个厂家的业务员同时在做一个大客户的工作,双方的产品、价格、质量及销售政策大致都差不多,而且他还比竞争对手早一些时间接触客户,在人际关系上比对手要熟一些。客户呢,也多次表达了可以购买其产品的意愿。但最终客户却跟竞争对手签了合同,结果自己白费了力气。自己在跟客户的交往过程中也没有出什么纰漏,为什么煮得差不多的鸭子却飞了呢,这真是让人想不通。

其实,这样的事情在我们的销售工作中经常会遇到,那种“半路杀出的程咬金”让很多销售人员前功尽弃。实际上,我们也不必太过懊恼,趋利避害是商人的本性,既然客户选择了我们的竞争对手,那么就证明我们还有做得不如人的地方。

不知道我们在工作之余有没有思考过一个问题:销售人员存在的价值是什么?如果说产品凭借着品牌影响力、过硬的质量、低廉的价格等因素就可以畅销无阻的话,那么根本就不需要销售人员的存在了。销售人员存在的意义在于为客户创造价值。把产品卖给客户,让他们获得了利益是不是为他们创造了价值吗?答案是肯定的,但这些还远远不够,因为这是任何一个销售人员都可以做到的。我们所谈的创造价值,更重要的是指为客户创造出产品价值本身之外的附加价值,其实,这个附加价值,才是销售员存在的价值所在。这是在竞争激烈的买方市场条件下销售人员必须做到的事情,如果做不到这一点,我们就很有可能败给其他能够带给客户“意外惊喜”的销售员。

所以,在销售中,我们可以学习温哥华旅游业的服务策略,除了做好本职工作,满足了客户的基本要求后,还要能够带给客户附加值,让客户每次都有意外收获,这样才能留住客户,保持客源不断。

有个修自行车的师傅,生意十分火暴,周围很多同行的生意都被他抢去了。不仅如此,很多人还愿意从很远的地方跑来让他修。那么,是他的技术多么高超吗?并不是这样,原来,这位师傅有个习惯,每次修完车之后都要帮顾客把自行车擦得干干净净,就像一辆新车一样。而这一点并不是顾客自己提出的要求,也不在他修车工作的范畴之内,但他一直坚持这样做。可想而知,当顾客拿到车时是多么的惊喜。因为他为顾客创造了附加价值,而其他的修车人却做不到,这就是顾客为什么都选择他的原因。

总之,作为销售员要多留心客户的需求,设身处地为客户着想,在销售工作中,不仅要做好客户期望的工作,而且更要提供超出客户期望的服务。当你为客户做了这一切,而你的竞争对手却没做到时,你就赢得客户了。